Den Freskenzyklus mit dem anmutigen Engels-reigen in der Johannes-Sakristei der Basilika von Loreto schuf Luca Signorelli (→ S. 50).

Die Buchstaben-Zahlen-Kombi-nationen im Text verweisen auf die Planquadrate der Karten.

Zwischen Apennin und Adria

– ein Meer aus sanft wogenden Hügelwellen: Das sind die Marken, die abwechslungsreichste und gleichzeitig typischste Landschaft Italiens.

Lässt man den schmalen Küstenstreifen hinter sich, geht die Landschaft des märkischen Hinterlands über in sanfte Hänge mit malerischen Dörfern (hier Montecosaro).

Tutt'Italia in una regione« – ganz Italien in einer Region: Der Slogan des regionalen Fremdenverkehrsamtes besteht zu Recht. Auf nur knapp 9700 Quadratkilometern bieten die Marken ein Konzentrat dessen, was für Italien eigentümlich ist. Im Osten sind sie vom Meer umspült, den **Apennin** im Westen teilen sie sich mit der Toskana, Umbrien und Latium, im Süden führen die **Sibillinischen Berge** in das Gebirgsland der **Abruzzen**. Kultur, Volkskunst, Sprache und Handwerk sind geprägt von denselben Einflüssen wie das übrige Italien und haben sich doch eigenständig fortentwickelt.

Der Name deutet ebenfalls auf Vielfalt hin. »La marca«, abgeleitet vom deutschen Wort Mark, war die Bezeichnung für ein Grenzgebiet, etwa die Marca Ascolana oder die Marca Anconetana (heute Ascoli Piceno bzw. Ancona). Später wurde der Name auf die ganze Region ausgedehnt, folgerichtig in der Mehrzahl »le marche – die Marken«.

Eine Besonderheit stellt die geografische Struktur der Marken dar. In einem durchschnittlichen Abstand von rund 80 Kilometern verlaufen die Höhenzüge des Apennin parallel zur adriatischen Küste. Die dazwischen liegenden Hügelketten scheren aus dieser Richtung nicht aus. Im rechten Winkel dazu durchziehen 13 Flusstäler die Landschaft und geben ihr ein charakteristisches Gepräge. Auf ihrem kurzen Weg zum Meer haben sich die Flüsse regelrecht »durchgraben« müssen. So schufen sie in ihrem oberen Verlauf tiefe Schluchten, zum Beispiel die Furloschlucht (**Gola del Furlo**), oder, wenn sie unterirdisch blieben, gigantische Höhlen wie die **Grotten von Frasassi**.

Pax Romana und Papstland

Funde beweisen, dass in den Marken bereits vor 100 000 Jahren Menschen siedelten. Von dieser frühen menschlichen Präsenz zeugen bearbeitete Steine, die unter anderem der Jagd dienten. Im Laufe der Jahrtausende wurden die Menschen sesshaft und lernten aus Schafwolle Kleidungsstücke, aus Ton Gerätschaften zu fertigen. Um 3000 v. Chr. kamen Händler aus dem Orient übers Meer, die das Wissen um den Gebrauch und Nutzen von Metall mitbrachten und sich des Viehs der ansässigen Bevölkerung bemächtigten. Wahrscheinlich handelt es sich auch bei den **Picenern** um solch ein kriegerisches Hirtenvolk, das seine Herden von den Sabiner Bergen in die Ebenen an der Adria führte und sich um 900 v. Chr. endgültig hier niederließ. Ein ihnen heiliger Spechtvogel, lateinisch »picus«, verlieh ihnen nicht nur ihren Namen, er ist auch heute noch im Wappen der Region enthalten. Die Picener trieben bald weiträumigen Handel und Kulturaustausch mit den Ländern jenseits der Adria und der Alpen, hauptsächlich waren sie jedoch Krieger, was zahlreiche Grabfunde belegen. Die Einverleibung ihres Gebiets in das Römische Reich im 2. Jahrhundert v. Chr. und damit ihren Niedergang konnten sie den-

Oben: Wie mit dem Fels verwachsen scheint die mächtige Festungsanlage San Leo im Norden des Montefeltro (→ S. 36).

Mitte: Im Palazzo Ducale von Urbino sind einige herausragende Werke der Renaissance zu bewundern (→ S. 40).

Unten: Die Piazza della Madonna in Loreto mit der Basilika im Hintergrund, dem Apostolischen Palast links und dem Palazzo Illirico rechts (→ S. 48).

noch nicht aufhalten. Die **Römer** gründeten im alten Piceno viele neue Städte, etwa **Ancona, Pesaro** oder **Jesi**, deren typisch rechtwinkliger Grundriss noch zu erkennen ist, und führten eine straffe Verwaltung ein. Um die Jahrtausendwende begann die lange Periode der **Pax Romana**, des Römischen Friedens, der 300 Jahre anhalten sollte. Bedeutungsvoll für die Region waren aber vor allem zwei große römische Militär- und Handelsstraßen: die **Via Flaminia**, die die Hauptstadt Rom mit Fano und der Adria verbindet, und die **Via Salaria**, die bis nach Ascoli Piceno in den südlichen Marken reicht.

Die deutschen Kaiser

Nach dem Niedergang des Weströmischen Reichs fielen die Marken an Ostrom, gerieten danach unter die Herrschaft der **Langobarden** und wurden im 9. Jahrhundert unter **Karl dem Großen** und den nachfolgenden deutschen Kaisern dem Heiligen Römischen Reich einverleibt. Dem Zufall ist es zu verdanken, dass Jesi 1194 Geburtsort von Friedrich II. von Hohenstaufen wurde: Seine hochschwangere Mutter Konstanze, die Gemahlin Kaiser Heinrichs IV., befand sich auf der Durchreise nach Sizilien. Unter Friedrich II. erfuhr Italien die härtesten Auseinandersetzungen zwischen Guelfen, die päpstlich gesinnt waren, und Ghibellinen, die die Interessen des Kaisers vertraten. Erst nach dem Tod Friedrichs II. konnte sich der Papst endgültig in seinen Besitzungen in Ober- und Mittelitalien

etablieren. Die Marken wurden Teil des Kirchenstaats (bis 1861).

Erbitterte Kontrahenten

In den folgenden Jahrzehnten bildeten sich die **Signorien**, von illustren Familien getragene Stadtherrschaften, heraus. Besonders hervor taten sich die **Montefeltro**, die vor allem in Urbino, Cagli, Fossombrone und dem nördlichen Landesinneren der Marken zu Hause waren, und die **Malatesta** mit ihren Stammsitzen in Rimini, Pesaro und Fano. Sie lieferten sich erbitterte Gebietsstreitigkeiten und überzogen zu ihrer Verteidigung das Land mit mächtigen Befestigungen. 1462 wurden die Kontrahenten Federico di Montefeltro und Sigismondo di Malatesta zwar als gemeinsame Regenten über die Marken eingesetzt, doch die Unversöhnlichkeit blieb bis zum Aussterben der beiden Geschlechter zu Beginn des 16. Jahrhunderts. Für die Marken, die nun wieder vollkommen vom Papsttum regiert wurden, bedeutete dies einerseits zwei Jahrhunderte relativer Stabilität, andererseits eine Zeit kulturellen und wirtschaftlichen Stillstands.

Einen kurzen Wechsel in den Machtverhältnissen gab es noch einmal zwischen 1797 und 1815, als Italien in die Hand Napoleons fiel, danach kamen die ersten Unabhängigkeitsbestrebungen auf. 1860 schließlich schlossen sich die Marken dem Vereinigten Königreich Italien an, und es erfolgte die Einteilung in die vier Provinzen Ancona, Ascoli Piceno, Macerata und Pesaro-Urbino. Noch im

19. Jahrhundert wurden sie durch die Eisenbahnlinie Ancona–Rom und später durch die Küstenlinie an das italienische Verkehrssystem angebunden, doch die Randlage und der damit einhergehende geringe Bekanntheitsgrad blieben.

Unbekannte Marken

Bis vor gar nicht allzu langer Zeit waren die Marken über die Grenzen Italiens hinaus nahezu unbekannt. Der Urlauberstrom, der sich ab den fünfziger Jahren über die Strände der Adria ergoss und ihnen den sarkastischen Beinamen »Teutonengrill« einbrachte, machte bei **Gabicce Mare** Halt. Dabei können die Marken der stereotypen Küstenansicht Strand, Straße, Hotel, Eisenbahn ein paar reizvolle Abwechslungen entgegen halten. Gleich hinter Gabicce Mare stoßen die piniengrünen und schiefergrauen Abhänge des Apennin bis an die Küste der Adria. Erst bei Pesaro weichen die Hügel zurück und machen den bekannten Sandstränden Platz. Doch noch einmal schiebt sich ihnen bei **Ancona** ein Vorgebirge in den Weg, der **Monte Conero** mit seinen mit Ginster und Wacholder bewachsenen Steilküsten, den weißen Kalkfelsen, die sich in geheimnisvollen Formen aus dem Meer erheben, kleinen Badebuchten, die oft nur nach mühevoller Kletterei zu erreichen sind, und den Küstenorten **Sirolo** und **Numana**.

Ab **Porto Recanati** bietet der flache Küstenstreifen mit seinen mehr oder weniger ansprechenden Badeorten wieder den gewohnt eintönigen Anblick, der der Adria im Verlauf der letzten 50 Jahre genau den Ruf verliehen hat, der ihr jetzt zu schaffen macht. Das soll nun anders werden. Die Touristikunternehmer wissen, dass sie mit Billigangeboten in ewig gleicher Strandatmosphäre keinen Staat mehr machen können. Was lag näher, als sich auf den landschaftlichen und kulturellen Reichtum des Hinterlands zu besinnen. Der Reiz der Marken steckt in ihrer Vielfalt. Hier protzen nicht die Vier-Sterne-Sehenswürdigkeiten, die jeder Italienbesucher gesehen haben muss. Hier gilt es sich auf die Suche zu begeben und Unbekanntes zu entdecken. Der unentwegte Wechsel der Landschaft, der hinter jeder Wegbiegung für neue Überraschungen sorgt, die vielen kleinen Ortschaften, die, ohne spektakulär zu sein, einfach schön sind, die Selbstverständlichkeit, mit der die meisten Städte und Dörfer ansprechende Häuser, prächtige Paläste und herrliche Plätze zur Schau stellen, lässt sich in dieser Fülle kaum überbieten. So ist die Fahrt ins Hinterland immer eine Reise wert, vorausgesetzt, man nimmt sich Zeit und bewegt sich geruhsam vorwärts.

Reichtum an Theatern und Festivals

Wer außer Meer und Sonne seinem Urlaub auch ein paar kulturelle Aspekte abgewinnen will, kommt in den Marken auf seine Kosten. Denn im Sommer »brummt« es hier nur so von Festivals und Veranstaltungsreihen, die in ihrem Abwechslungsreichtum und in ihrer künstlerischen Qualität nichts zu wünschen übrig lassen. Viele der angebotenen Theateraufführungen oder Konzerte sind zudem gratis.

Mit Theatern ist diese Region ohnehin ungewöhnlich reich bestückt. Die meisten entstanden zwischen dem 17. und 19. Jahrhundert, als die Städte den Besitz eines Theaters noch für ein unerlässliches Statussymbol hielten. Eine Bestandsaufnahme von 1894 ergab 113 Häuser, auf die Bevölkerungszahl umgerechnet ein Theater pro 15 000 Einwohner. Nach den Zerstörungen im Zweiten Weltkrieg blieben noch 71, von denen heute 26 wieder bespielbar sind. Der Rest soll restauriert werden, eine Aktion, an der sich Region, Provinzen und Kommunen gleichermaßen beteiligen.

Gepriesenes Wirtschaftsmodell

Was die Marchigiani anbelangt, so könnte man fast sagen, dass die germanische Herkunft ihres Namens auf ihre Mentalität abgefärbt hat. Sie gelten, zumindest unter ihren Landsleuten, als die »Preußen« Italiens, ein tüchtiger, pünktlicher Menschenschlag, moderat vom Wesen, wenig berührt von Leidenschaften. Ihre Korrektheit als päpstliche Steuereintreiber brachte ihnen den Spruch ein: »Lieber einen Toten im Bett als einen Marchigiano vor der Tür«. Dennoch ist ihnen ein Gefühl nicht fremd, das einer ihrer größten Söhne, **Giacomo Leopardi**, der Dichter des Welt-

schmerzes, immer wieder in Versen von meisterhafter Sprachmelodie besungen hat: das Gefühl der Melancholie.

Die Hauptwesenszüge jedoch, Initiativgeist und Tüchtigkeit, führten zu dem, was als das Wirtschaftsmodell der Marken bezeichnet wird. Man gründete dort eine Fabrikationsstätte, wo dazu Passende bereits ansässig waren, koordinierte ihre Aktivitäten und integrierte sie harmonisch in den eigenen Produktionsablauf. Die Idee, die Anforderungen der Industrialisierung der Charakteristik des Ortes anzupassen, erwies sich als entscheidend für den Erfolg.

❶ MERIAN-Lesetipp

Die »Poetischen Orte« des Dichters und Drehbuchautors Tonino Guerra (er schrieb u.a. für Fellini, Tarkowskij und Antonioni) sind künstlerische Installationen – Skulpturen, Brunnen, Gärten, Sonnenuhren. Gedichte lesend, die, auf Kacheln gebrannt, an Häusern oder auf Stelen angebracht sind, bewegt man sich durch **Pennabilli** und seine Umgebung. Magische Pfade, die durch das Marecchia-Tal führen, laden zum Innehalten und Nachdenken ein. Roland Günter beschreibt in seinem Reisebuch Komposition und Anliegen der einzigartigen Kunstformationen. Behutsam und liebevoll weist der Autor den Weg zu den verschiedenen Orten, erkundet ihre Entwicklungen und macht ihre lebensnahen Anliegen deutlich (Poetische Orte, Klartext-Verlag, 1998, Essen).

Lebendige Stadtkultur

Von hier stammen die weltbe-rühmten Schuhfabrikanten, die mit einer kleinen Werkstatt in der Cantina anfingen und heute Produktionsstätten in Kasachstan – dort soll man bereits den Dialekt von Fermo sprechen – sowie Edelläden in New York und Tokio unterhalten. Hier fertigte Gabrielli erlesene Lederwaren, belieferte vor dem Krieg das italienische Königshaus und stattete das Innere des Zuges aus, den Mussolini von der Firma Fiat bauen ließ und Vittorio Emanuele III schenkte. Hier entwickelte der Designer Renzo Frau seinen weltbekannten Sessel, **la poltrona Frau**, der auch heute noch als Inbegriff eines Sitzmöbels gilt, bequem, stilvoll, elegant.

Dieses geglückte Unternehmertum beschert der Region heute 25 000 Herstellungsbetriebe, rund 600 000 Beschäftigte und nur halb so viele Arbeitslose wie im landesweiten Durchschnitt.

Und noch für ein Letztes kann man die Marken rühmen, für ihre lebendige Stadtkultur. Was sich Abend für Abend auf den autofreien Straßen und Plätzen von Fano, Jesi, Fermo oder Ascoli Piceno abspielt, ist hier zu Lande schlichtweg unbekannt. Zwischen fünf Uhr nachmittags und halb acht stehen Jung und Alt zusammen, lachen und schwatzen, tauschen Neuigkeiten aus, und zum Abendessen sind sie alle wieder zu Hause. In dieser Form von intaktem urbanen Leben hat sich das erhalten, was am Provinziellen positiv ist: Zeit haben, Kontakte pflegen, für einander da sein.

»Garten der vergessenen Früchte« heißt einer der »Poetischen Orte« in Pennabilli, die der Dichter Tonino Guerra geschaffen hat (→ MERIAN-Lesetipp S. 10).

Historisches Ambiente in sorgfältig restaurierten Häusern oder Ferien auf dem Bauernhof, in den Marken findet man Unterkünfte für jeden Geschmack und Geldbeutel.

In der Villa Serena logieren die Gäste in stilvoll mit rustikalen Antiquitäten möblierten Räumen (→ S. 34).

Was das Wohnen anbelangt, haben die Marken mittlerweile einiges zu bieten. Vor allem im Landes-Inneren gibt es immer mehr Häuser, die klein und stilvoll sind und das besondere Flair der Umgebung mit einbeziehen. Meist handelt es sich um historische Gebäude, so genannte **dimore storiche**, Villen, Klöster, Stadtpalais. Hinzugefügt sei, dass es sich in diesen Hotels oft ausgezeichnet speisen lässt.

Auf dem Gebiet des **Agriturismo**, der italienischen Variante für Ferien auf dem Bauernhof, gehören die Marken mittlerweile zu den führenden Regionen. Die Spanne reicht vom einfachen Wohnhaus bis zur herrschaftlichen Azienda. Die Häuser bieten Zimmer und/oder Apartments mit Bad bzw. Dusche, viele auch mit Schwimmbad, und jede Menge Aktivitäten: Wandern und Trekking, Leihräder, Reiten, Tennis, Fischen, Sprach- und Kochkurse, Reiki und Yoga. Die gute ländliche Küche verwendet frische Produkte aus eigenem, oft biologischem Anbau, der auch in den Marken immer mehr Anhänger findet.

Eine weitere reizvolle Alternative sind **Ferienapartments oder -häuser**. Entsprechende Inserate finden Sie in den überregionalen Tages- und Wochenzeitungen. Oder Sie wenden sich an eine Agentur, die auf Häuservermietungen in Italien und den Marken spezialisiert ist.

Die Klassifizierung der **Hotels** in den Marken reicht von einem bis vier Sterne. Je mehr Sterne, desto höher die Preisklasse. Nicht immer entspricht das auch der Qualität, und manchmal bietet ein Zwei-Sterne-Haus mehr als ein höher eingestuftes. Im Juli und August, der Hauptreisezeit, werden die Zimmer meist nur mit Halb- oder Vollpension vermietet,

für ein Zusatzbett muss man mit einem Aufpreis von 35 Prozent rechnen. In der Vor- und Nachsaison sind die Preise günstiger; viele Hotels schließen jedoch über den Winter. In den größeren Häusern passt sich das italienische Hotelfrühstück immer mehr dem internationalen Geschmack an. Wenn es nicht im Preis einbezogen ist, empfiehlt sich der Gang in die nächste Bar für einen Cappuccino und ein **cornetto**.

Die Region Marken gibt ein vollständiges Verzeichnis aller Hotels und anderer Unterkünfte in vier Sprachen heraus. Kostenlos über das Assessorato al Turismo in Ancona (→ S. 103). Der Spezialprospekt **Dimore storiche delle Marche** (dreisprachig) ist erhältlich über: Turisthotel Marche, Sezione Dimore Storiche, Via Cavallotti, 4, 61100 Pesaro; Tel. 0 72 16 58 47, Fax 0 72 16 53 91

Agriturismo/Turismo-Verde-Büros
60121 Ancona, Corso Stamira 29; Tel. 0 71 20 29 87, Fax 07 15 63 14; 63100 Ascoli Piceno, Via Guiderocchi, 7, Tel. 07 36 25 84 25, Fax 07 36 26 10 02; 62100 Macerata, Corso Cavour, 106, Tel. 07 33 26 19 76, Fax 07 33 23 25 79; 61100 Pesaro, Via Pergola, 2, Tel. 0 72 12 28 32 oder 0 72 12 28 37, Fax 0 72 12 37 04

Unterkünfte, in denen Hunde erlaubt sind, finden Sie im Kapitel »Die Marken von A–Z« unter dem Stichwort »Tiere« aufgelistet.

Preisklassen

Die Preise gelten für eine Übernachtung im Doppelzimmer ohne Frühstück.
- ★★★★ ab 130 €
- ★★★ ab 80 €
- ★★ ab 30 €
- ★ bis 30 €

Alle in diesem Buch empfohlenen Unterkünfte auf einen Blick

Köstliche Trüffeln und Pasta »fatta a casa«, dazu frische Zutaten bester Qualität – die märkische Küche besinnt sich auf ihre Tradition.

Vor dem Essen ein Aperitif gefällig? Im Caffè Meridiana in Senigallia ein absolutes Muss (→ S. 54).

Die marchigianische Küche wurzelt in der bäuerlichen Tradition und hat sich dem Einfluss des internationalen Einerlei widersetzt. Hier dominiert eher die Hausmannskost denn raffinierte Rezepte, und so besinnen sich selbst die Edelrestaurants auf die traditionelle Küche. Frische Zutaten von bester Qualität sind die Basis, dazu wirklich nur das, was den Geschmack liebt. Nicht mehr, aber das ist schon die große Kunst. Und da vornehmlich mit dem gekocht wird, was die eigene Erde hergibt, hat jede Gegend ihre typischen Gerichte.

In der bäuerlichen Küche herrscht das »Wilde« vor: Kaninchen, Wildschwein, Fasan, Pilze, Nüsse, Wildkräuter und vor allem Trüffeln, denn auch sie gibt es in den Marken und wie. Tatsächlich ist die Trüffelausbeute in dieser Region die höchste in ganz Italien, dreimal so hoch wie zum Beispiel im Piemont.

Köstliche Trüffeln

Die weißen und schwarzen Juwelen des Waldes sind quasi das ganze Jahr über erhältlich, auch wenn die Sommertrüffeln qualitätsmäßig als weniger gut gelten. Das tut den **antipasti ai tartufi**, dem Vorspeisenteller mit Trüffeln, jedoch keinerlei Abbruch. Auf geröstetem Weißbrot, Omelettes, Polentastückchen oder Zuckerschoten dem besonderen Geschmack dieser Delikatesse nachzuspüren ist ein kaum zu überbietender Genuss.

Vergeudet wird nichts in dieser Küche; die **coppa** und die **salsiccia matta** zum Beispiel sind Würste, bei denen fast alle Teile vom Schwein Verwendung finden. Derbe, kräftige Spezialitäten, die sich nicht lange halten und frisch gegessen werden müssen. Man kann sich glücklich schätzen, wenn man in einem Ristorante im Hinterland auf einer Speisekarte als Antipasto findet: **coppa, salame di Fabriano, ciauscolo** (zwei weitere Wurstspezialitäten) und **bruschetta**, geröstete und mit Knoblauch und Olivenöl eingeriebene Weißbrotscheiben.

Auch Zeit und Mühe bei der Zubereitung von Gerichten werden nicht gescheut. Jedenfalls bedeutet es einiges an Aufwand, Oliven so zu entsteinen, dass das Fleisch unverletzt bleibt, sie mit einer Farce aus Kalb-, Schwein- und Hühnerfleisch und noch einigen anderen Zutaten zu füllen, nacheinander in Mehl, zerquirltem Ei und Brotbröseln zu wälzen und schließlich in siedendem Öl zu frittieren. Die Mühe lohnt sich, denn die **olive ascolane** sind köstlich, vorausgesetzt, man findet auch wirklich jene von der Sorte »tenera ascolana« oder »gentile«, fleischige und zart schmeckende Früchte.

Pasta »fatta a casa«

Tagliatelle müssen natürlich »fatte a casa«, hausgemacht, sein. Von der Kultur der Ernährung her betrachtet gehören die Marken zu dem Teil Italiens, in dem die **pasta all'uovo fresca**, die frisch zubereitete Eierteigware, vorherrscht. Typisch sind **i vincisgrassi**, eine Lasagne mit einer ganz besonders raffinierten Füllung, in der vor allem die Trüffel dominiert. Und in Campofilone in der Provinz Ascoli Piceno werden **maccheroncini** hergestellt, so fein wie Goldhaar.

In einer Gegend, die ebenso von Bauern wie von Fischern geprägt wurde, darf auf dem Speiseplan weder Fleisch noch Fisch fehlen. Charakteristisch sind Gerichte wie **coniglio in porchetta**, Kaninchen geschmort mit wildem Fenchel, **arrosto matto**, Lamm- oder Hammelkeule, mit Rosmarin, Knoblauch, Pfeffer, Salz und Weißwein auf kleinem Feuer langsam geschmort und gegen Ende der Garzeit mit Tomaten und heißem Wasser eingekocht, oder **anitra al sugo**, Wildente in Stücke gehackt, mit fein geschnittenem rohen Schinken und Petersilie in Öl angebraten und in einer konzentrierten Tomatensauce mit Basilikum geschmort.

Fisch und Meeresfrüchte

Eine weitere Spezialität der märkischen Küche sind die **brodetti**, Fischsuppen mit bis zu 14 verschiedenen Fischsorten. Beinahe jede Stadt am Meer kann mit einem eigenen Rezept aufwarten. Ebenso auf verschiedene Arten werden **seppie**, Tintenfische, angerichtet, mit Erbsen in Ancona, gefüllt im Pesaresischen, als wohlschmeckende Vorspeise oder zusammen mit Kalmar und Speck auf Spießchen gebraten. Bei keinem Vorspeisenteller dürfen die **garagoi**, die kleinen Meeresschnecken, fehlen, die in einer kräftigen Sauce gekocht und dann mit einem Zahnstocher aus ihrem Gehäuse geholt werden.

Auch Käseliebhaber kommen auf ihre Kosten. Zwar ist die Käsepalette in den Marken nicht ganz so reichhaltig wie in anderen Regionen, aber die Sorten, die sie haben, schmecken hervorragend. Allen voran der **formaggio di fossa di Talamello**, ein Käse aus Schafs- und Kuhmilch, der drei Monate lang, eingehüllt in ein Leinensäckchen, in einer unterirdischen Tuffsteinhöhle reift.

Feines Olivenöl und edle Tropfen

Obwohl die Marken nicht als typische Olivenölregion gelten, werden das »Olio extra vergine« (kalt gepresstes Olivenöl) aus dem Piceno und das »Olio di Cartoceto«, das sich demnächst mit dem Zusatz Denominazione di Origine Protetta schmücken darf, als besonders fein gerühmt. Aber auch die Öle aus der übrigen Region können es mit jeder Konkurrenz aufnehmen.

Das Gleiche gilt für die Weine, die in den letzten Jahren zu hohem Ansehen gekommen sind. Am bekanntesten ist der **Verdicchio dei Castelli di Iesi**, vor allem wegen der Amphorenflaschen, in denen er verkauft wird. Heute ist nicht mehr die Verpackung das Gütesiegel, sondern eine Reihe von Qualitätsstandards, die neben dem Classico und Superiore auch einen Riserva, einen Spumante und einen Passito (Dessertwein) produzieren. Ein weiterer frischer, unkomplizierter Weißwein ist der **Bianchello del Metauro**, der in der Provinz Pesaro-Urbino angebaut wird. Zu den roten DOC-Weinen gehören unter anderem der elegante trockene **Rosso Conero**, der kräftigfrische **Rosso Piceno** und der **Lacrima di Morro d'Alba**, ebenfalls ein trockener, ausdrucksstarker Wein. Eine Spezialität ist der **Visner**, ein köstlicher Dessertwein aus Wildkirschen.

Und noch ein Hinweis für alle, die Reisen und kulinarische Genüsse miteinander verbinden wollen. Das Assessorato al Turismo von Urbino bietet jedes Frühjahr und jeden Herbst »Gastronomische Wochenenden« im Hinterland der Provinz Pesaro-Urbino an. Der Kalender für diese kulinarischen Ausflüge liegt in allen Tourismusbüros der Provinz aus (Informationen unter Tel. 07 22 30 91, Fax 07 22 30 92 66).

Restaurants sind bei den einzelnen Orten im Kapitel »Sehenswerte Orte« beschrieben.

Preisklassen

Die Preise beziehen sich jeweils auf ein Menü mit drei Gängen, ohne Getränke.
★★★★ ab 50 €
★★★ ab 25 €
★★ ab 15 €
★ bis 15 €

ESSDOLMETSCHER

Wichtige Redewendungen → S. 112

A

abbacchio: Lamm
aceto: Essig
aglio: Knoblauch
agnello: Lamm
anatra: Ente
anguilla: Aal
antipasto: Vorspeise
arrabbiata: scharfe Pastasauce
arrosto: gebraten
asparagi: Spargel

B

baccalà: Stockfisch
bietola: Mangold
bistecca (maiale/manzo): Steak
   (Schwein/Rind)
bollito: gekocht
braciola: Kotelett
branzino: Seebarsch
brodetto: marchigianische Fischsuppe
bruschetta: getoastetes Brot mit Öl
   und Knoblauch
burro: Butter

C

cacciagione: Wild
calamari: Tintenfisch
cappelletti (in brodo): kleine, mit
   Fleisch gefüllte Pastahütchen
   (in Brühe)
caprese: Mozzarella mit Tomaten
   und Basilikum
carciofi: Artischocken
carne: Fleisch
castrato: Hammel
cavolfiore: Blumenkohl
cavolo: Kohl
ceci: Kichererbsen
ciauscolo: weiche Schweine-
   salami
ciliege: Kirschen
cinghiale: Wildschwein
cipolla: Zwiebel
coniglio (in porchetta): Kaninchen
   (mit wildem Fenchel gefüllt)
contorno: Gemüsebeilage
coratella d'agnello: Lamminnereien

costarelle: Rippchen
cotto: gekocht
cotechino: Kochwurst
cozze: Miesmuscheln
crudo: roh

D

dolci: Süßspeisen

F

fagiano: Fasan
fagioli: weiße Bohnen
fagiolini: grüne Bohnen
farcito: gefüllt
fegatelli: gebratene Schweineleber
fegatini: Hühnerleber
fegato: Leber
fichi: Feigen
finocchio: Fenchel
focaccia: dünner Brotfladen
formaggio: Käse
formaggio di fossa: würziger, in einer
   Höhle gereifter Käse
fragole: Erdbeeren
frittata: Omelette
fritto: frittiert
frutta: Obst
frutti di mare: Meeresfrüchte
funghi: Pilze

G

gamberi: Garnelen
garagoi: kleine Meeresschnecken
gelato: Speiseeis
ghiaccio: Eiswürfel
gnocchi: Pasta aus Kartoffelteig
alla graticola/griglia: vom Rost/ge-
   grillt

I

insalata (verde/mista): Salat
   (grün/gemischt)
in umido: geschmort
involtini: gefüllte Fleischröllchen

L

latte: Milch
lattuga: Kopfsalat
lenticchie: Linsen
lepre: Hase
lonza: geräucherte Schweinelende

luccio: Hecht
lumache: Schnecken

M

macedonia di frutta: Obstsalat
magro: mager
maiale: Schwein
mandorle: Mandeln
manzo: Rind
mela: Apfel
melanzane: Auberginen
merluzzo: Kabeljau
miele: Honig
minestra: Suppe
minestrone: Gemüsesuppe
misto: gemischt

N

nocciole: Haselnüsse
noce: Walnuss
nostrano, nostrale: aus lokaler
  Produktion

O

oca: Gans
olio d'oliva: Olivenöl
orata: Goldbrasse
osso buco: Kalbshaxe
ostriche: Austern

P

pane: Brot
panforte: Früchtebrot
panino: Brötchen
panna: Sahne
pappardelle: breite Bandnudeln
passatelli: Pasta aus Brotkrumen
  und Käse
patate: Kartoffeln
penne: kurze, dicke Röhrennudel
peperoni: Paprika
peperonata: gedünstete Paprika-
  schoten
pesce: Fisch
pesce spada: Schwertfisch
piatto del giorno: Tagesgericht
piccione (ripieno): Taube (gefüllt)
piselli: Erbsen
pollo: Hähnchen
polpette: Fleischbällchen
pomodoro: Tomate

porcini: Steinpilze
prosciutto (crudo): Rohschinken

R

ragù: Ragout, Fleischsauce
ripieno: gefüllt/Füllung
riso: Reis
rombo: Steinbutt
in rosso: mit Tomaten zubereitet

S

salame di fichi: Feigen in Salamiform
  gepresst
salsiccia: Wurst
seppie (con piselli): Tintenfisch
  (mit Erbsen)
sogliola: Seezunge
sott'olio: in Öl eingelegt
spezzatino: Gulasch
allo spiedo: am Spieß
spinaci: Spinat
stoccafisso: Stockfisch

T

tacchino: Truthahn
tartufo: Trüffel
tè (al limone/con latte): Tee (mit
  Zitrone/mit Mich)
tonno: Tunfisch
tortellini: gefüllte Pasta
trippa: Kutteln
trota: Forelle

U

uova: Eier

V

verdura: Gemüse
vincisgrassi: marchigianische Ver-
  sion der Lasagne
vino bianco: Weißwein
vino di casa: Hauswein
vino di rosso: Rotwein
vino visciolato: Süßwein mit Sauer-
  kirschen angesetzt
vitello: Kalb
vongole: Muscheln

Z

zuppa inglese: Süßspeise aus Creme
  und in Rum getauchten Biscuits

Herrliche Plätze, prächtige Bauwer-
ke, unbekannte Kunstschätze: In den Marken
gibt es selbst in den kleinsten Orten noch viel zu
entdecken.

Die Piazza del Popolo in Ascoli wird »salone« genannt. Hier trifft man sich oder flaniert auf dem geschliffenen Pflaster, das an das glatte Parkett eines Salons erinnert (→ S. 76).

Drei berühmte Männer stammen aus dem Norden der Marken: Raffael, Maler der Hochrenaissance, Bramante, Architekt des Petersdoms, und Rossini, Meister der Opera buffa.

Die Grenze der Marken überfährt man von Norden meist auf der Autobahn an der Küste. Kaum einer kommt von Nordwesten oder Westen über die Berge. Dabei befände er sich gleich in einer ungemein geschichtsträchtigen Gegend der Region, im **Montefeltro**. Mit dem Namen sind die Herzöge von Montefeltro verbunden, eines der einflussreichsten Herrschergeschlechter seiner Zeit, unter ihnen der herausragende Herzog Federico II. Auch die Malatesta waren prägend für den nördlichen Teil der Marken. Wie die Montefeltro stammten sie von den Grafen von Carpegna ab, was die beiden Familien nicht daran hinderte, zu Erbfeinden zu werden, die Gegend mit mächtigen Festungsbauten zu überziehen und sich über ein Jahrhundert um jeden Fußbreit zu bekriegen.

Abgesehen von dieser streitbaren Vergangenheit bieten die Nordmarken Kunst und Kulinarik pur. **Urbino** gehört zu den Kunststädten Italiens, die man gesehen haben muss. Raffael und Bramante, die beiden überragenden Künstler der Renaissance, wurden hier geboren. **Pesaro** feiert mit einem international anerkannten Festival seinen größten Sohn, den Belcanto-Zauberer Rossini.

Und auch für das leibliche Wohl ist gesorgt: Auf der Speisekarte findet man das ganze Jahr hervorragende Trüffelgerichte, denn die Ausbeute an den begehrten weißen und schwarzen Knollen in dieser Gegend ist beachtlich, und die Trüffelmärkte von **Acqualagna, Sant'Angelo in Vado** und **Sant'Agata Feltria** sind berühmt.

Pesaros berühmter Sohn, der Komponist Gioacchino Rossini, ist im Hof des Konservatoriums mit einem Denkmal verewigt (→ S. 33).

CAGLI ■ D 4, S. 115

9500 Einwohner

Das hübsche Städtchen mit den höchsten Bergen der Nordmarken im Hintergrund ist an seiner rechteckigen Anlage und einigen Brücken, darunter der **Ponte Mallio**, noch heute als römische Siedlung zu erkennen. Funde von Bronzefiguren aus dem 4. Jh. v. Chr. zeigen jedoch, dass Caglis Ursprung auf umbrische Stämme verweist. Zu kultureller Bedeutung gelangte Cagli unter der Herrschaft der Montefeltro. Viele schöne Paläste erinnern an diese Zeit, vor allem der gigantische ovale Turm, **il torrione**, am westlichen Rand des Stadtkerns, ehemals Teil der großen Festungsanlage. Er trägt die Handschrift Francesco di Giorgio Martinis, wie auch das stattliche Rathaus, das im Zentrum der Stadt an der **Piazza Matteotti** liegt. Sehenswert ist der verzierte Brunnen in der Mitte und einige Schritte weiter das jüngst restaurierte **Teatro Comunale**, ein kostbares kleines Logentheater aus dem 19. Jh. Von den zahlreichen Kirchen seien **San Domenico** mit Werken von Giovanni Santi (Raffaels Vater) und Girolamo Genga sowie **San Francesco**, ein romanisch-gotischer Bau, erwähnt.

Auf Ausflügen lassen sich die Berge in der nächsten Umgebung erkunden, beispielsweise der **Monte Petrano** (1162 m) südwestlich von Cagli, der mit einer grandiosen Aussicht und im Frühling mit Wiesen voller wilder Narzissen bezaubert.

Essen und Trinken

Guazza ■ M
Hausgemachte Pasta und je nach Saison einige der besten Gerichte, die das Hinterland zu bieten hat. Via Mochi, 10; Tel. 07 21 78 72 31; tgl. nur mittags ★ ★

Service

Auskunft
Comunità montana del Catria e del Nerone
Informationen zu Bergtouren und Paragliding auf dem Monte Catria und Monte Nerone.
Via Alessandri, 19, 61043 Cagli (PU); Tel. und Fax 07 21 78 10 88; E-Mail: cm.cagli@provincia.ps.it

Pro Loco
Via Leopardi, 3, 61043 Cagli (PU); Tel. 07 21 78 74 57

FANO   ■ F 2, S. 115

55 000 Einwohner

Die drittgrößte Stadt der Marken spielte schon in antiken Zeiten eine bedeutende Rolle als Adriahafen und Verkehrsknotenpunkt über die Via Flaminia nach Rom. Benannt wurde sie nach dem der Göttin Fortuna geweihten Tempel »Fanum Fortunae«, der zum Dank für den Sieg über den Karthager Hasdrubal 207 v. Chr. errichtet worden war. Heute ist Fano immer noch ein geschäftiger Fischereihafen, Haupteinnahmequellen sind Handel und Tourismus.

Was Fano so attraktiv macht, ist sein geselliges Leben. Jeden Tag findet im Zentrum der Stadt ein Gemüse- und Fischmarkt statt, jedes zweite Wochenende im Monat ein Antiquitätenmarkt. Die beiden Karnevals im Winter und Sommer sind berühmt, ebenfalls einen Besuch wert sind die verschiedenen Musikfestivals von hohem Niveau (→ S. 104). Und auch für Kinder ist Fano eine Reise wert. Mit dem Projekt »Città per i bambini – Stadt für die Kinder« versucht man hier in vorbildlicher Form auch den Bedürfnissen der Kleinsten gerecht zu werden (→ S. 86).

Hotels/andere Unterkünfte

Augustus
Zurückhaltend moderner Bau mit Terrasse über dem Kanal, kürzlich dem heutigen Komfort angepasst, familiäre Atmosphäre.
Via Puccini, 2; Tel. 07 21 80 97 81, Fax 07 21 80 99 19, E-Mail: augustus@hotelaugustus.it; 22 Zimmer; Weihnachten geschl. ★ ★ AmEx DINERS EURO VISA

Corallo 👫
Sechziger-Jahre-Hotel, direkt am Meer, gutes Preis-Leistungs-Verhältnis, freundlich, ideal für Familien.
Via Leonardo da Vinci, 3; Tel. 07 21 80 42 00, Fax 07 21 80 36 37; 29 Zimmer, 3 Apartments; 23. Dez.–10. Jan. geschl. ★ ★ und ★ ★ ★ AmEx DINERS EURO VISA

Stella Maris
Campingplatz direkt am Meer, Restaurant, Einkaufsmöglichkeiten, Bungalows.
Via Cappellini 5; Torrette di Fano; Tel. 07 21 88 42 31, Fax 07 21 88 42 69; außerhalb der Saison geschl. ★

Sehenswertes

Arco di Augusto
Aus der Antike blieben Reste der augusteischen Stadtmauer und der großartige Bogen, den Kaiser Augustus 2 n. Chr. am Ende der Via Flaminia errichten ließ, erhalten. Auf einem Basrelief aus dem 16. Jh. an der Kirchenmauer rechts neben dem Bogen ist zu erkennen, wie er aussah, bevor der obere Säulenteil von Federico Montefeltro bei der Belagerung der Stadt zerstört wurde.
Viale delle Rimembranze

Cattedrale
Fanos Dom hat römische Ursprünge, wurde jedoch im Lauf der Zeit sehr oft verändert. Die Restaurierung 1925 legte eine romanisch-gotische Fassade frei, der dreischiffige Innen-

raum bewahrt eine Kanzel aus Bruch-
stücken eines römischen Tempels
mit kostbaren Reliefs; eine Seitenkapelle ist mit Fresken des Barockma-
lers Domenichino ausgestattet.
Via d'Arco Augusto

Piazza XX Settembre
Der Corso Matteotti, der die Stadt in
ihrer Länge durchquert, führt am
großen Hauptplatz vorbei. Der anmu-
tige **Fortuna-Brunnen**, ein Werk des
Bildhauers Donnino Ambrosi (1593),
wird beinahe von der Wuchtigkeit des
Palazzo della Ragione überdeckt. Im
Palast befindet sich das **Teatro della
Fortuna** mit einem prachtvollen neo-
klassizistischen Zuschauerraum. Daran schließt sich der geschachtelte
Komplex des **Palazzo Malatestiano**
an, in dessen Mitte sich die **Corte Ma-
latestiana** öffnet, ein charmanter Innenhof mit mehreren Loggien. Rechts
auf der Piazza bemerkt man die zwischen Häusern eingezwängte Frühba-
rockfassade der Kirche **San Silvestro**,
wegen des in ihrem Innern aufbe-
wahrten Muttergottesbildes auch Madonna di Piazza genannt.

Santa Maria Nuova
Die Kirche schmückt sich mit einem
kostbar gearbeiteten Renaissanceportal von Bernardino di Pietro, ist
aber vor allem wegen ihrer Bilder sehenswert. Drei davon stammen aus
der Hand des Perugino, und mögli-
cherweise hat auch Raffael daran mit-
gearbeitet, da er zu dieser Zeit noch
Schüler des umbrischen Meisters
war. Ein weiteres Bild, die »Heimsu-
chung«, gilt als eines der besten von
Giovanni Santi, Raffaels Vater.
Via de Tonsis

Museen

Museo Civico und Pinacoteca
Archäologische Funde aus verschiedenen Epochen und eine Sammlung
von Renaissancemedaillen stellen

die Hauptexponate des Museums
dar. In der Gemäldesammlung sind
Werke märkischer Maler zu sehen.
Besondere Beachtung verdient das
um 1420 entstandene Polyptychon
des Venezianers Michele Giambono.
Palazzo Malatestiano; Di–Sa 8.30–12.30,
So 8.30–13 Uhr; Eintritt 3 €

Essen und Trinken

Casa Nolfi Ⓜ
Elegantes Restaurant im Zentrum,
gute Küche mit Fisch und Meeres-
früchten, ausgezeichnete Desserts,
ansprechende Weinauswahl.
Via Gasparoli, 59; Tel. 07 21 82 70 66;
Mo, So abends und im Juli geschl. ★ ★ ★
[AmEx] [DINERS] [EURO] [VISA]

❶ MERIAN-Tipp

Ristorante »Al Pesce Azurro« Als **pesce azurro** wird
der einfache Fisch bezeichnet,
der, frisch und gut zubereitet,
ebenso fein munden kann wie
ein teurer. Dieser Philosophie
folgt das Restaurant, eine Kooperative, die für rund 9 € ein
komplettes Menü mit Wein serviert. Das tägliche Speisenan-
gebot an Meeresfrüchten und
frischem Fisch beweist, dass
man auch preisgünstig erst-
klassige bodenständige Küche
anbieten kann. Das Ambiente
ist dafür sehr einfach, Selfser-
vice mit Plastik-Wegwerfge-
schirr, aber dennoch gemüt-
lich: Man sitzt an langen Ti-
schen zusammen und kommt
so sehr schnell mit den umsit-
zenden Italienern ins Gespräch.
Viale Adriatico, 48, Fano (PU);
Tel. 07 21 80 31 65; Mo und
Okt.–April geschl. ★
■ F 2, S. 115

Symposium Quattro Stagioni M M M

Das Lokal, das etwas abseits mitten in den grünen Hügeln im Hinterland von Fano liegt, zählt zu den besten Italiens. Sie erreichen es, wenn Sie von Fano auf der SS3 bis nach Calcinelli fahren und von dort weiter bis Cartoceto. Ab hier ist das Restaurant ausgeschildert. Das Angebot an exzellenten regionalen Speisen (Fisch und Geflügel) wechselt täglich. Reservierung empfehlenswert.
Via Cartoceto 38; Cartoceto (15 km südwestlich von Fano); Tel. 07 21 89 83 20; Mo, Di und 10. Jan.–10. Feb. geschl.
★ ★ ★ ★ AmEx DINERS EURO VISA

Einkaufen

Ricci M

Enoteca mit der »wahren Moretta von Fano«, ein hochprozentiger Kaffeelikör, der warm getrunken wird. Außerdem gute Auswahl an Weinen und Spirituosen der Gegend.
Via Cavour, 67

Am Abend

Il Vicolo M

Atmosphärisches Lokal in den Kellergewölben des ehemaligen Convento San Domenico. Donnerstagabend ab 22 Uhr Jazz live.
Via de Amicis 16; Mai–Sept. geschl.

Service

Auskunft
IAT
Via C. Battisti, 10, 61032 Fano (PU); Tel. 07 21 80 35 34, Fax 07 21 82 42 92; E-Mail: iat.fano@regione.marche.it

Ufficio Informazioni
Piazza XX Settembre, 61032 Fano (PU); Tel. 07 21 88 75 23, Fax 07 21 88 75 22; E-Mail: info@turismofano.com, Internet: www.turismofano.com

FOSSOMBRONE
■ E 3, S. 115

9600 Einwohner

Fossombrone ist antiken Ursprungs, und das Ausgrabungsfeld der römischen Siedlung **Forum Sempronii** bei **San Martino** brachte Reste eines römischen Bades und einer Straße zutage. Das heutige Stadtbild ist geprägt von der Herrschaft der Montefeltro mit einer erstaunlichen Fülle an adligen Palästen. Über allem thront die **Corte Alta**, der Obere Hof, darunter zieht sich der Ort in parallelen Häuserzeilen bis zum Metauro hinunter.

Hotels/andere Unterkünfte

Villa Federici M M

Traumhaft gelegene ehemalige Herrschaftsvilla, die zu einem kleinen intimen Gästehaus mit sehr gutem Restaurant umgebaut wurde.
Via Cartoceto, 4; Bargni di Serrungarina (12 km östlich von Fossombrone); Tel. und Fax 07 21 89 15 10; E-Mail: federici@mobilia.it; 5 Zimmer ★ ★ AmEx DINERS EURO VISA

Essen und Trinken

Cascina delle Rose M

Das zu einem geschmackvoll eingerichteten Restaurant umgewandelte Bauernhaus liegt in einem gepflegten Garten. Sehr gute marchigianische Küche.
Via dell'Industria, Loc. Pian di Rose (auf der Superstrada Richtung Fano, Ausfahrt Sant'Ippolito); Tel. 0 72 16 72 81 97 ★ ★

Service

Auskunft
Pro Loco
Piazza Dante, 61034 Fossombrone (PU); Tel. und Fax 07 21 74 03 77

Ziel in der Umgebung
Gola del Furlo ■ E 3, S. 115

Man verlässt Fossombrone auf der Landstraße in Richtung Furlo. Bei S. Lazzaro (ca. 3 km) lohnt sich der Abstecher nach links zu den **Marmite dei Giganti**, den Riesenkesseln, die der Metauro in die Felsen gegraben hat. Auch die Furlo-Schlucht ist das Werk eines Flusses. Jahrtausendelang hat sich der Candigliano zwischen dem Monte Pietralata und dem Monte Paganuccio hindurchgegraben und rechts und links senkrechte, bis zu 500 m hohe Felswände hinterlassen. Die Römer legten die Via Flaminia daneben an und schürften sich am Ende der Schlucht durch den Berg. Die Inschrift am Eingang des 40 m langen Tunnels besagt, dass ihn Kaiser Vespasian 76/77 n. Chr. von seinen Kohorten bauen ließ. Nach Furlo kam regelmäßig Mussolini zur Jagd. Im Hotel Furlo sind noch sein Schlaf- und Wohnzimmer zu besichtigen. Sehr sehenswert ist die romanische Kirche San Vincente al Furlo (ca. 1 km entfernt).

GABICCE MARE
■ E 1, S. 115

6000 Einwohner

Dieser an der Grenze zur Emilia-Romagna liegende muntere Badeort ist mehr oder weniger eine Verlängerung der Riviera von Rimini mit dem gewohnten Bild einer mit unzähligen Hotels verbauten Küste. Dennoch kann man sich wohl fühlen am schönen Sandstrand und im regen Nachtleben am Meer und oben in Gabicce Monte, wo sich einige der bekanntesten Dance Clubs der Küste befinden. Von hier ist es auch nicht weit zum **Castello von Gradara** (→ S. 30) und zur Zwergrepublik **San Marino** (→ S. 91). Südlich von Gabicce beginnt der Naturpark **Monte San Bartolo** mit seiner Steilküste. Von den kurvigen Strada Panoramica bieten sich immer wieder wunderschöne Blicke aufs Meer.

Hotels/andere Unterkünfte

Cavaluccio Marino M M
Frisch renoviertes Haus, in dem man vom Besitzerehepaar besonders herzlich empfangen wird. Schöne Meerlage. Ausgezeichnete Küche. Hotel of the Year 1995.
Via Vittorio Veneto,111; Tel. 05 41 95 00 53, Fax 05 41 95 44 02; 35 Zimmer; Okt.–Ostern geschl. ★ bis ★ ★ AmEx DINERS EURO VISA

Grand Hotel Michelacci M M
Elegantes, mit allem Komfort ausgestattetes Hotel in bevorzugter Lage nur ein paar Schritte vom Meer. Beautycenter mit Sauna und Türkischem Bad. Vom Touring Club mit einer Medaille ausgezeichnet.
Piazza Giardini Unità d'Italia, 1; Tel. 05 41 95 43 61, Fax 05 41 95 45 44; 60 Zimmer; Nov.–Mitte Dez. und Mitte Jan.–Mitte Feb. geschl. ★ ★ bis ★ ★ ★ AmEx DINERS EURO VISA

Marinella
Gepflegtes Haus mit Garten und Strand über der Straße, gastfreundliche Atmosphäre, Möglichkeit zum Golfspielen.
Via Vittorio Veneto, 127; Tel. 05 41 95 00 53, Fax 05 41 95 04 26; 60 Zimmer; Okt.–Ostern geschl. ★ ★ AmEx DINERS EURO VISA

Essen und Trinken

Anna
Gutes Speiselokal in der Fußgängerzone, bodenständige Küche mit Fischgerichten und Meeresfrüchten. Reservierung empfehlenswert.
Via C. Colombo; Tel. 05 41 95 47 94; Okt.–Ostern geschl. ★ ★ ★ VISA

Osteria della Miseria M

Auf der Strada Panoramica nach
Gabicce Monte kommt man zu
diesem reizenden Lokal mitten im
Grünen, mit Terrasse und schönem
Blick. Gute marchigianische Küche,
hervorragende Wein- und Käseaus-
wahl.

Via Mandorli, 2; Tel. 05 41 95 83 08; nur
abends, Mo geschl. ★ ★ EURO VISA

Am Abend

La Nuova Baia degli Angeli M

Eine »historische« Disko mit antik-rö-
mischer Einrichtung. Tanzflächen auf
drei Etagen, direkt am Meer.
Via Panoramica

Service

Auskunft

IAT
Viale della Vittoria, 41, 61011 Gabicce Mare
(PU); Tel. 05 41 95 44 24,
Fax 05 41 95 35 00;
E-Mail: iat.gabicce@regione.marche.it

GRADARA ■ E 1, S. 115

2900 Einwohner

Wenn auch Gradara ein Lieblingsaus-
flugsziel des Pauschaltourismus ist
und auf der einzigen größeren Straße
sich die Souvenirläden an Ge-
schmacklosigkeiten überbieten,
bleibt der weitläufige Burgkomplex
👭 eines der besterhaltenen Baudenkmäler der nordmarchigianischen
Küste. Der Ausbau der noch aus
1 der Römerzeit vorhandenen Wach-
anlagen als wehrhafte Festung im
12. Jh. geht auf die Malatesta zurück.
Ende des 15. Jh. ließ Giovanni Sforza
die Trutzburg für seine Frau Lucrezia
Borgia zu einem wohnlichen Palazzo
umbauen. Nochmals erweitert wurde
die Anlage im 16. Jh. von Girolamo
Genga. An höchster Stelle liegt das
castello, darunter erstreckt sich das

borgo mit engen Gässchen, Häusern
und Palästen den Hang hinunter, umgeben von einer 700 m langen, mit
Zinnen und Türmen bewehrten Stadtmauer.

Gradara ist untrennbar mit einem
der berühmtesten Liebesdramen der
Weltliteratur verbunden. Dante erzählt es in seinem »Inferno« im fünf-
ten Gesang. Als Brautwerber für seinen hässlichen Bruder kam der hübsche Paolo Malatesta zu Francesca da
Rimini. Die beiden verliebten sich, zu-
mal Francesca ihn fälschlicherweise
für den zugedachten Ehemann
hielt. Nach der unglücklichen Hoch-
zeit ging das Verhältnis weiter, und
als der Gatte dahinterkam, brachte er
das Paar um. Mit der **Seduzione al
Castello** im Juli, einem Fest mit Musik,
Tanz und (aphrodisierenden) Speisen,
wird an dieses Drama erinnert.

Sehenswertes

Rocca

Während ein Spaziergang entlang
der Burgmauern den Schutz- und
Verteidigungscharakter der mittelalterlichen Anlage wirkungsvoll vor Augen führt, hat die Rocca im Inneren
einige schön dekorierte und stilvoll
möblierte Säle zu bieten, darunter
das freskierte **camerino di Lucrezia
Borgia**. Dass Francesca und Paolo
wahrscheinlich gar nicht in den ihnen
zugeschriebenen Räumen lebten und
starben, tut der Legende aus Dantes
»Inferno« keinen Abbruch. Bemerkenswert das Altarbild aus weiß-
blauer Terrakotta von Andrea della
Robbia in der Kapelle.
Via Umberto, 1; Mo 8.30–13.30, Di–So
8.30–18.45 Uhr; 25. Dez., 1. Jan. und 1. Mai.
geschl.; Eintritt 4,20 €

Essen und Trinken

Mastin Vecchio

Ambiente à la Mittelalter und anstän-
dige marchigianische Küche.

Via Dante Alighieri, 5; Tel. 05 41 96 40 24;
Mo geschl. (außer im Juli, Aug.) ★ ★ bis
★ ★ ★ AmEx EURO VISA

Service

Auskunft
Pro Loco
Via Borgo Mancini, 61012 Gradara (PU);
Tel. 05 41 95 41 15, Fax 05 41 82 30 35;
E-Mail: proloco.gradara@provincia.ps.it

PERGOLA   ■ E 3, S. 115

7000 Einwohner

Diese kleine, an einen Hügel hingela-
gerte Stadt im Cesanotal wurde im
13. Jh. als günstig gelegener Han-
delsplatz zwischen Adria und Apennin gegründet. Mit dem wachsenden
Wohlstand entstanden stattliche
Paläste und viele Kirchen. Der Grundstein zur **Chiesa San Francesco** wurde 1255 von Schülern des hl. Franz
von Assisi gelegt. Die Kirche **Santa
Maria delle Tinte** entstand im 15. Jh.,
als die Zunft der Färber und Gerber
dem Ort zu Reichtum verhalf.

Sehenswertes

Bronzi Dorati
Die vergoldeten Bronzestatuen, zwei
Männer auf Pferden und zwei Frauen,
wurden 1946 auf einem Acker entdeckt. Da sie nicht vollständig erhalten sind, weiß man nicht genau, wen
sie darstellen. Die einen datieren sie
ins 1. Jh. n. Chr. und halten sie für
Angehörige des Kaisers Tiberius. Andere glauben, dass sie zu einer Sena-
torenfamilie aus dem 1. Jh. v. Chr.
gehören. Da solche Statuen nach
dem Tod ihrer Besitzer fast immer
zerstört wurden, ist ihr Auffinden auf
jeden Fall sensationell.
Musei dei Bronzi Dorati; Largo S. Giacomo,
2; Di–So 9.30–12.30 und 15.30–19.30 Uhr;
Eintritt 6,20 €

Essen und Trinken

Giardino M M
In dem eleganten Hotelrestaurant
gibt es die fantasievollsten Gerichte
der Gegend. Anspruchsvoll ist die
Weinauswahl, und die Desserts wurden kürzlich mit einer Auszeichnung
prämiert.
Via Mattei, 4, San Lorenzo in Campo (ca.
11 km östlich von Pergola); Tel. 07 21 77 68
03; So abend, Mo und 24./25. Dez.,
15. Jan.–7. Feb. geschl. ★ ★ ★ AmEx
DINERS EURO VISA

Einkaufen

Fattoria Villa Ligi M
Der Vernaculum, ein aus der roten
Vernacciatraube gekelterter, stark
duftender Wein, und auch die anderen Weine von Francesco Tonelli sind
hervorragend.
Via Zoccolanti, 25a; Tel. und Fax 07 21 73
43 51; Mo–Fr 15–19.30, Sa 9–13 und
15–19.30 Uhr und nach Vereinbarung

*Gradara ist eine
mittelalterliche Burganlage
wie aus dem Bilderbuch.*

Ziele in der Umgebung
Eremo di Fonte Avellana
■ E 4, S. 115

Das in waldiger Einsamkeit versteckte Kloster liegt 15 km von Pergola entfernt in Richtung Sassoferrato (nach 7,5 km Wegweiser nach rechts). Bereits 980 vom hl. Romuald gegründet, wurde es später wesentlich erweitert und 1325 zur Abtei erhoben. Heute ist es im Besitz des Kamaldulenserordens. Den alten Kern der Einsiedelei bilden die romanisch-gotische Kirche mit ihrer Krypta aus dem 10. Jh., das Kloster mit dem Kapitelsaal und die Zellen. Herrlich ist das Skriptorium, der Schreibsaal der Mönche, mit Spitzbogengewölbe und einem prachtvollen geschnitzten Tisch aus dem 16. Jh. In der Bibliothek sind über 10 000 Bände aufbewahrt, darunter wertvolle Ausgaben aus dem 16. und 17. Jh.
Mo–Sa 9–11 und 15–17, So und an Feiertagen 15–17 Uhr; Eintritt frei

Parco Archeologico
di Suasa 👥
■ F 3, S. 115

Ca. 18 km östlich von Pergola in Richtung Küste befindet sich eine bedeutende Ausgrabungsstätte der Marken, die Teile der ehemaligen römischen Stadt Suasa zeigt: das Amphitheater, das Forum und ein reiches Patrizierhaus von beträchtlichen Ausmaßen, das **domus Coiedii** (33,5 x 103 m) mit Thermenanlage, schön erhaltenen Mosaikfußböden und einem von Säulen umstandenen Garten (nur teilweise freigelegt). Im nahe gelegenen **Museo della Città di Suasa** in **Castelleone di Suasa** sind Teile einer freskierten Wand rekonstruiert und weitere Fundstücke ausgestellt.
Castelleone di Suasa, Consorzio Città Romana di Suasa; wechselnde Öffnungszeiten, Info unter Tel. 0 71 96 65 24; Eintritt 7,80 €

PESARO
■ F 1, S. 115

90 000 Einwohner
Stadtplan → S. 33

Zwischen dem 15. und 17. Jh. war Pesaro berühmt für das bemalte Tongeschirr, bekannt als Majolika. Heute ist die Hauptstadt der Provinz ein lebhaftes Industriezentrum mit Schwerpunkt auf der Möbelherstellung, aber auch ein attraktiver Bade- und Ferienort und im August ein Mekka des Belcanto. Mit dem **Rossini Opera Festival** erweist man dem berühmtesten Sohn der Stadt die Ehre – 1792 wurde hier der Komponist Gioacchino Rossini geboren.

Dass Pesaro eine sehr alte Stadt ist, sieht man ihr allenthalben an. Als Gründungsjahr wird 184 v. Chr. angegeben, doch archäologische Funde belegen, dass vor den Römern auch schon Picener und Etrusker in dieser Region siedelten. Zwischen dem 13. und 15. Jh. herrschten hier die Malatesta, danach die Sforza, die die mächtige **Festung** und den **Palazzo Ducale** bauten, schließlich die della Rovere aus Urbino. Von der alten Stadtmauer ist nicht mehr viel übrig, sie musste Neubauten und Durchgangsstraßen weichen. Heute zeichnet sich das Bild der Stadt, von der Autobahn kommend, durch hässliche Hochhäuser aus, die Zwischenzone zum Meer zeigt alle möglichen Baustile. Auffälligste Bauten sind die **Jugendstilvilla Ruggeri** mit ihren Zuckerbäckerdekorationen und **Arnaldo Pomodoros »Sfera Grande«** (1966/67), eine riesige Bronzekugel als Allegorie auf die schadhaft werdende Welt.

Spaziergang

Der Rundgang durch die Altstadt, die sich durch elegante Läden, hübsche Bars und schöne Plätze auszeichnet, beginnt am Hauptplatz Pesaros, der

Piazza del Popolo. Die graziöse **Fontana dei Tritoni** in der Mitte stammt von Lorenzo Ottoni (1685), der klar gegliederte **Palazzo Ducale** aus dem 15. Jh. mit seinem schönen Innenhof von Bartolomeo und Girolamo Genga. Das **Postgebäude** erstreckt sich mit seiner klassizistischen Fassade über die ehemalige Kirche **San Domenico,** von der nur noch das gotische Portal von der Via Branca aus zu besichtigen ist. Diese führt vorbei am überdachten **Fischmarkt** (links etwas zurückgesetzt) zur Piazza Lazzarini mit dem 1815 eröffneten **Teatro Rossini**. Über die Via Passeri gelangt man zur Kirche **San Giovanni Battista**. Weiter geht's über die Via Gargattoli und die Via Mazza zum **Museo Archeologico Oliveriano**. Zwischen der Via Giordani und der Via Sabbatini liegt das **Konservato-**

rium Gioacchino Rossini im Palazzo Olivieri. Das Denkmal des Komponisten im Innenhof stammt von Carlo Marocchotti (1864). Von hier gelangt man zurück zur Via Mazza und rechts weiter zum Corso XI Settembre mit der Kirche **Sant'Agostino**. Die Via Castelfidardo und die Via Mazzolari führen zu den **Musei Civici** und weiter zur Kreuzung Via Rossini. An der Ecke ist die Touristeninformation, gegenüber steht **Rossinis Geburtshaus**. Ein paar Schritte nach links befindet sich der **Dom,** die Viale Don Minzoni hinunter die **Rocca Costanza**, ein typischer Wehrbau der Renaissance von Luciano Laurana, und die Piazzale Matteotti. Über die Via San Francesco kommt man zur Kirche **Santa Maria delle Grazie** und wieder zurück zur Piazza del Popolo.

Hotels/andere Unterkünfte

Mamiani ■ b 2

Mitten in der Altstadt mit ein paar Zimmern zur Piazza del Popolo. Siebziger-Jahre-Stil, komfortabel und freundlich.
Via Largo Mamiani, 24; Tel. 0 72 13 55 41, Fax 0 72 13 35 63; 40 Zimmer ★ ★ AmEx
DINERS EURO VISA

Principe ■ c 1

Eine Fassade aus den sechziger Jahren, in der Innenausstattung hell und geschmackvoll. Sehr guter Service und üppiges Frühstücksbüfett. Das Restaurant Teresa ist eines der besten der Stadt (→ S. 35).
Viale Trieste, 180; Tel. 0 72 13 02 22, 0 72 13 00 96, Fax 0 72 13 16 36; 42 Zimmer; 10. Dez.–31. Jan. geschl. ★ ★
AmEx DINERS EURO VISA

Villa Serena M M M

südöstlich ■ c 3
Ca. 4 km vom Zentrum entfernt, oberhalb des Getümmels an der Küste, liegt inmitten eines schönen Parks die Villa des Grafen Pinto de Franca y Vergas. Jedes Zimmer ist mit Antiquitäten möbliert, die Atmosphäre ist angenehm, einfach und ruhig. Es gibt auch ein gutes Restaurant.
Strada San Nicola, 6; Tel. 0 72 15 52 11, Fax 0 72 15 59 27; E-Mail: info@villa-serena.it; Internet: www.villa-serena.it; 10 Zimmer; 2.–15. Jan. geschl. ★ ★ bis ★ ★ ★ AmEx
DINERS VISA

Vittoria M M ■ c 1

Wer elegant wohnen will, wählt dieses Hotel im Belle-Epoche-Stil, eines der 100 »Locali Storici d'Italia«. Direkt an der Promenade gelegen, strahlt es trotz modernem Komfort das Flair einer vergangenen Zeit aus.
Piazzale Libertà, 2; Tel. 0 72 13 43 43, 0 72 13 43 44, Fax 0 72 16 52 04; E-Mail: info@viphotels.it, Internet: www.viphotels.it; 27 Zimmer, 5 Suiten ★ ★ ★ bis ★ ★ ★ ★ AmEx DINERS VISA

Sehenswertes

Duomo ■ c 2

Vom romanischen Ursprung zeugt nur noch die schmucklose Backsteinfassade, und auch das nach mehrfachen Änderungen klassizistisch geprägte Innere ist wenig bemerkenswert. Kostbar indes ist der vor ein paar Jahren freigelegte doppelte Fußboden mit Mosaiken aus verschiedenen Epochen. Der obere stammt aus dem 5. Jh., der etwa 75 cm darunter liegende aus dem 4. Jh. Die Mosaiken können durch Glasfenster im Boden besichtigt werden.
Via Rossini

Sant'Agostino ■ b 2

Ein glänzendes Beispiel venezianischer Gotik (15. Jh.) stellt das Portal dieser Kirche dar. Reich verziert mit Löwen und Heiligen in Nischen und Tabernakeln, ist es das jüngste der drei gotischen Portale von Pesaro. Im Inneren ein Chorgestühl aus dem 15. Jh., kunstvoll mit Intarsien verziert.
Corso XI Settembre

Santuario della Madonna delle Grazie ■ bc 2

Ursprünglich war die Kirche, die die Malatesta im 13. Jh. erbauen ließen, San Francesco geweiht, erkennbar am prächtigen gotischen Portal mit der Statue des Heiligen auf dem Spitzbogen. Das Bildnis der Madonna delle Grazie aus dem 16. Jh., dem Wundertätigkeit zugeschrieben wird, ist in einem Marmortempel in der Apsis aufbewahrt.
Via San Francesco

Museen

Casa di Rossini ■ b 2

Der spätere Ruhm Rossinis ist den schlichten Räumen, in denen er geboren wurde, nicht anzusehen. Das Museum enthält Plakate, Drucke und

Porträts des Opernkomponisten und einiger seiner Interpreten.
Via Rossini 34; Okt.–April Di–Sa 8.30–13.30, So 9–13 Uhr, Mai–Sept. Di–Sa 9–19, So 9–13 Uhr; Eintritt 2,50 €

Musei Civici ■ b 2
Die Musei Civici beherbergen die Keramiksammlung, eine der umfangreichsten Dokumentationen der Majolikaproduktion in Italien, und die Pinakothek. Das Herzstück der Gemäldesammlung ist die »Pala di Pesaro«, das berühmte Altarbild des venezianischen Malers Giovanni Bellini mit einer kostbaren Predella.
Piazza Toschi Mosca, 29; Okt.–April Di–Sa 8.30–13.30, So 9–13 Uhr, Mai–Sept. Di–Sa 9–19, So 9–13 Uhr; Eintritt 4,20 €

Museo Archeologico Oliveriano
■ b 2
Das Museum zeigt die berühmten Stelen von Novilara (einem Ort 10 km von Pesaro entfernt) und andere bedeutende Zeugnisse etruskischer, picenischer und römischer Kultur sowie eine umfangreiche numismatische Sammlung. Bemerkenswert auch die 150 000 Bände umfassende Bibliothek, darunter Inkunabeln und Manuskripte mit Buchmalereien.
Via Mazza 97; Tel. 0 72 13 33 44; 15. Juli–15. Sept. Mo–Sa 16–19 Uhr, 16. Sept.–14. Juli Mo–Sa 9–12 Uhr (auf Anfrage in der Bibliothek); Eintritt frei

Essen und Trinken

Antica Osteria La Guercia ■ b 2
Malerisches Lokal in der Altstadt, in dem die Familie Bettini traditionelle Rezepte Pesaros und seiner Umgebung zubereitet.
Via Baviera, 33; Tel. 07 21 13 34 63; So, Ostern und Weihnachten geschl. ★

Casetta Vaccai ■ b 2
Bar und Patisserie im ältesten Haus der Stadt.
Via Mazzolari, 22

La Baita M nördlich ■ a 1
Restaurant in einem ehemaligen Lagergebäude am hinteren Ende des Hafens. Nur Fischgerichte, ganz frisch zubereitet. Man kann auch draußen auf dem Kai sitzen.
Strada Tra I Due Porti; Tel. 0 72 12 56 72; Di geschl. ★★

Teresa M M ■ c 1
Mutter und Tochter kochen, der Sohn betreut Weinkeller und Gäste, und heraus kommt eines der besten Fischrestaurants der Stadt.
Viale Trieste, 180; Tel. 0 72 13 00 96, Fax 0 72 13 16 36; nur abends; So, Mo, im Dez. und Jan. geschl. ★★★ AmEx DINERS VISA

Einkaufen

Enoteca Vino Vip ■ c 2
Gute Wein- und Spirituosenauswahl.
Viale Verdi, 78

Service

Auskunft
APT ■ b 2
Via Rossini, 41, 61100 Pesaro; Tel. 07 21 35 95 01, Fax 0 72 13 39 30; E-Mail: mediateca@provincia.ps.it

IAT ■ c 1
Viale Trieste, 164, 61100 Pesaro; Tel. 0 72 16 93 41, Fax 0 72 13 04 62; E-Mail: iat.pesaro@regione.marche.it

Ziele in der Umgebung

Villa Imperiale und Villa Caprile ■ E 1, S. 115

Zwischen dem 15. und 17. Jh. bauten sich die Herren von Pesaro und andere adlige Familien auf dem Monte San Bartolo, der kühleren Steilküste nördlich von Pesaro, prachtvolle Sommerresidenzen. Zwei davon sind heute dem Publikum zugänglich. Die Villa

Imperiale besteht aus zwei Gebäude-
komplexen, die durch raffinierte
Schachtelung und drei hängende Gärten miteinander verbunden sind. Einmalig die Wandmalereien der neun
Säle. Die Villa Caprile ist vor allem
wegen ihres italienischen Gartens
samt Wasserspielen sehenswert.
Villa Imperiale (ca. 5 km nördlich von Pesaro), Strada San Bartolo; Führungen: Mitte
Juni–Ende Aug. nur Mi; Eintritt 5,20 €; Anmeldung c/o IAT Tel. 0 72 16 93 41,
Fax 0 72 13 04 62; Villa Caprile (ca. 3 km
von Pesaro), Strada di Caprile; Juli–Aug.
15–19 Uhr; Eintritt 4,20 €

SAN LEO   ■ B 1, S. 114

2600 Einwohner

Kaum etwas ist eindrucksvoller als die
Silhouette von San Leo. Von welcher
Seite man sich auch nähert, immer
sieht man in der einsamen Landschaft des Montefeltro den schroffen
Felsblock aufragen, mit dem die
mächtige Festung wie verwachsen
erscheint. Auf dem Sattel 50 m unterhalb drängt sich der Ort San Leo zusammen. Seine Ursprünge gehen auf
den hl. Leo zurück, einen aus Dalma-
tien stammenden Mönch, der Ende
des 3. Jh. die Region christianisierte
und deren erster Bischof wurde.

Hotels/andere Unterkünfte

La Rocca M
Freundlicher Familienbetrieb in schöner Panoramalage unterhalb der Festung. Restaurant mit lokaler Küche.
Via Leopardi, 16; Tel. 05 41 91 62 41,
Fax 05 41 92 69 14; E-Mail: rist.larocca
@libero.it ★ ★ AmEx DINERS EURO VISA

Sehenswertes

Cattedrale San Leo
Etwas erhöht und wie auf vorgescho-
benem Posten liegt der Dom. Er wurde im 12. Jh. aus ockerfarbenem

Sandstein erbaut und ist ein feines
Beispiel romanisch-lombardischen
Baustils. Das dreischiffige Innere in
Form eines Kreuzes ist großzügiger
als das der Pieve (→ S. 38), die De-
korationen von Säulen, Pilastern und
Kapitellen sind reicher. In der Urne
auf dem Altar ist die einzige Reliquie
des hl. Leo, ein Stück aus seiner
Schädeldecke, aufbewahrt. Die Krypta ist durch Säulen mit schönen Kapitellen in fünf Schiffe gegliedert. Über
dem Seitenportal befindet sich eine
Büste des Heiligen, die älteste exis-
tierende Abbildung.

Forte rinascimentale di San Leo 👪
Eines der anschaulichsten Beispiele
von Wehrarchitektur in der Renaissance ist die Festung von San Leo.
Sie liegt auf einem 639 m hohen
Felsvorsprung, der nach drei Seiten
schroff abfällt. Auf der vierten, der
angreifbaren Seite wird sie von einem gewaltigen Mauerkranz mit zwei
Rundbastionen geschützt. Schon von
weitem sichtbar vermittelt sie auch
heute noch den Eindruck der Unein-
nehmbarkeit. Erbaut wurde sie von
dem genialen Festungsbaumeister
Francesco di Giorgio Martini, dessen
Kunst auf diesem Gebiet allenthalben in den Marken zu bewundern ist.
Beim Rundgang bekommt man nicht
nur eine Vorstellung von der un-
glaublichen Effizienz dieser militäri-
schen Anlage, sondern auch von den
kargen Bedingungen, unter denen
die Kommandeure und ihre Mann-
schaft in spärlich eingerichteten
Wohnräumen hausen mussten. Das
kleine Museum zeigt sowohl sakrale
Kunst als auch Kriegswerkzeuge aus
mehreren Jahrhunderten. Außerdem
ist die Zelle zu besichtigen, in der der
prominenteste Häftling von San Leo,
der Alchimist und Falschspieler Graf
Cagliostro, die letzten vier Jahre seines Lebens verbrachte.
Tgl. 9–18 Uhr, Mitte Juli–Ende Aug.
9–22.30 Uhr; Eintritt 7 €

Oben: Der Dom von Urbino, 1781 durch ein Erdbeben weitgehend zerstört, wurde 1789 im klassizistischen Stil wieder aufgebaut (→ S. 40).

Mitte: Dass die Rocca von Gradara ein beliebtes Ausflugsziel ist, sieht man auch an den zahlreichen Souvenirläden (→ S. 30).

Unten: Nicht umsonst galt die Festung San Leo als uneinnehmbar. An diesen steilen Felswänden musste jede Belagerung scheitern.

Pieve Santa Maria dell'Assunta
Die älteste Kirche des Montefeltro wurde vermutlich im 9. Jh. aus Resten eines heidnischen Tempels und der Einsiedelei von San Leo errichtet und im Laufe des 11. Jh. erweitert. Der äußerlich bis auf die vertikal verlaufenden Mauerstreifen schmucklose Bau hat einen dreischiffigen schlichten Innenraum, das leicht erhöhte Presbyterium schließt mit drei Apsiden ab, über dem Altar erhebt sich der 882 von Herzog Orso gestiftete, wunderschöne Altarüberbau in Form eines Baldachins.

Service

Auskunft
Ufficio Turistico
Piazza Dante, 61018 San Leo (PU); Tel. 05 41 91 63 06, 05 41 92 69 67, Fax 05 41 92 69 73; E-Mail: ita.sanleo@regione.marche.it

URBINO ■ D 2, S. 115

16 000 Einwohner
Stadtplan → S. 39

Urbinos Ruhm beginnt und endet mit dem Herrschergeschlecht der Montefeltro, vor allem aber mit dessen herausragendem Vertreter. Als der junge Federico Montefeltro 1444 die Regierung übernahm, holte er Architekten, Ingenieure, Bildhauer und Maler nach Urbino mit dem Auftrag, die »città ideale« zu schaffen, und beteiligte sich auch mit eigenen Entwürfen an dem Vorhaben. So entstand in relativ kurzer Zeit eine Stadt, in der Farben, Formen und Stile aufs Vorbildlichste miteinander korrespondieren und dessen in sich geschlossenes Bild sich bis heute erhalten hat. Nur wenige Städte bieten eine solche Harmonie im Erscheinungsbild und dennoch so viele unterschiedliche Perspektiven und Details.

Dass die Stadt heute auch kulturell einiges zu bieten hat, verdankt sie dem außergewöhnlichen Wachstum ihrer traditionsreichen Universität. 24 000 Studenten machen aus Urbino zumindest während der Semester eine lebhafte Stadt mit vielen kulturellen Aktivitäten, hinzu kommt eine stetig wachsende Zahl von Touristen. Und auch gefeiert wird gerne in Urbino: Zur **Festa del Duca** am dritten Sonntag im August findet zu Ehren von Herzog Federico ein buntes Stadtfest statt mit traditionellen Kostümen und einer Prozession durch die Straßen der Altstadt. Und die **Festa dell'aquilone,** das Drachenfest am ersten Septemberwochenende, ist ein fröhliches Spektakel, bei dem sich Kinder und Erwachsene gleichermaßen vergnügen (→ MERIAN-Tipp S. 41).

Spaziergang

Am besten parkt man das Auto auf der Piazza del Mercatale, steigt die Treppen zum Teatro Sanzio und Corso Garibaldi hoch (es gibt auch einen Lift), weiter an der Westfront des **Palazzo Ducale** vorbei durch den Pincio zur Piazza Rinascimento, dessen Südseite die Palazzo dell'Università einnimmt. Der Platz wird vom Gebäudekomplex des Herzogspalastes dominiert (Eingang auf der Piazza Duca Federico). Nach Besichtigung des Schlosses, in dem auch die **Galleria Nazionale delle Marche** untergebracht ist, und des benachbarten **Doms** geht's den Poggio hinunter über die Via Vittorio Veneto zur Piazza della Repubblica, danach über die Via Raffaello den Monte hinauf zur **Casa di Raffaello** und weiter zum Denkmal des Künstlers hinter der Piazzale Roma. Nach der **Fortezza Albornoz,** einem ehemaligen Festungsbau, in dem im Sommer Theateraufführungen stattfinden, sollte man sich die Zeit nehmen, auf einer der Bänke gegenüber dem Palast den Blick auf die graziöse Fassade mit den zwei Rundtürmen zu genießen. Zurück geht es zur Via dei Maceri neben dem Festungspark, sie führt steil abwärts zu den Kirchen **San Giuseppe** und **San Giovanni Battista**, dann hinunter zur Via Mazzini und hoch zur Piazza della Repubblica. Dort kann man sich bei einem Cappuccino in einem der Straßencafés ausruhen.

Hotels/andere Unterkünfte

Bonconte M M ■ c 2

Hübsche Jahrhundertwendevilla mit Garten an der Stadtmauer. Via delle Mura, 28; Tel. 07 22 24 63, Fax 07 22 47 82; E-Mail: info@viphotels.it, Internet: www.viphotels.it, 23 Zimmer ★★★ bis ★★★★ AmEx DINERS EURO VISA

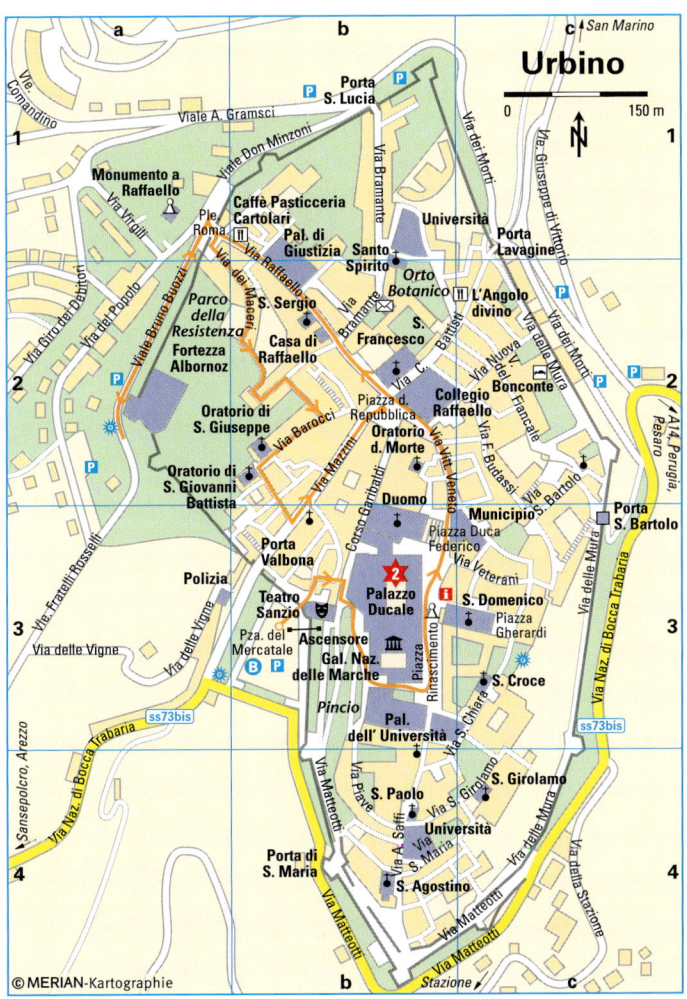

Locanda La Brombolona M
östlich ■ c 2
Das in einer ehemaligen Kirche untergebrachte Gasthaus 10 km außerhalb von Urbino (Richtung Fano) ist
hoch über dem Tal gelegen. Wunderschöne Aussicht.
Via S. Andrea in Primicilio, 1, Fraz. Cana-
vaccio; Tel. und Fax 0 72 25 35 01; 12 Zimmer ★ ★ AmEx DINERS EURO VISA

Sehenswertes

Casa di Raffaello ■ b 2
Der Vater Raffaels, Giovanni Santi,
war Hofmaler in Urbino, und der kleine Raffael verbrachte sicher eine
sehr anregende Kindheit am Hof.
Sein Geburtshaus, in dem der Maler
1483 das Licht der Welt erblickte, ist
jetzt ein hübsches kleines Museum;
das schlichte Fresko mit dem Titel
»Madonna mit Kind« könnte ein
frühes Werk von ihm sein.
Via Raffaello, 57; Mo–Sa 9–13 und 15–19,
So und an Feiertagen 10–13 Uhr; Eintritt
2,60 €

Duomo ■ b 3
Federico Montefeltro gab den Dom
gleichzeitig mit dem Palast in Auftrag
nach Plänen von Francesco di Giorgio
Martini. 1781 wurde der Bau, nach
langwierigen Bauarbeiten, von einem
Erdbeben schwer beschädigt und danach von Giuseppe Valadier im klassizistischen Stil wieder aufgebaut
(1789–1801). Im Inneren befinden
sich unter anderem ein Abendmahl
und ein Sebastiansmartyrium von Federico Barocci.
Piazza Duca Federico

Oratorio di San Giovanni Battista
■ b 2
Die Fresken (1416), mit denen der
kleine Kirchenraum rundum ausgeschmückt ist, stammen im Wesentli-
chen von den Brüdern Lorenzo und
Jacopo Salimbeni und gehören zu
dem Schönsten, das die Frührenais-

sance in Italien zu bieten hat. Der Zy-
klus stellt das Leben von Johannes
dem Täufer dar. Außergewöhnlich
sind die vielen Details, die die Erzäh-
lung anreichern: spielende Hunde,
streitende Kinder, weinende Engel
etc. Das gleich daneben liegende
Oratorio di San Giuseppe beherbergt
eine barocke, lebensgroße Krippe
von Federico Brandini.
Via Barocci, 31; Mo–Sa 10–12.30 und
15–17.30, So und an Feiertagen 10–12.30
Uhr; Eintritt 2 €

Palazzo Ducale ■ b 3
70 Jahre dauerte der Bau dieses Palastes, der zum ersten Mal den Re-
naissancegedanken eines auf den
Menschen ausgerichteten Weltver-
ständnisses artikuliert. Von Luciano Laurana, der 1464 den Ausbau ❷
der bereits 1444 begonnenen Anlage übernahm, stammen der Innenhof und die berühmte Westfront, deren unverwechselbares Merkmal die
dreifache Loggia mit den zierlichen
Zwillingstürmen, **i torricini**, ist. Ihre
Hinwendung in Richtung Florenz sollte die Verbindung zwischen den beiden Renaissancezentren symbolisieren. Danach setzten Francesco di Giorgio Martini, Baccio Pontelli und Girolamo Genga die Außen- und
Innenarbeiten fort.
　Schon zu seiner Zeit wurde das
Bauwerk wegen seiner Schönheit bewundert. Baldassare Castiglione
schrieb in seinem berühmten Be-
nimmbuch vom perfekten Hofmann,
»Il Cortegiano«, dass man vor sich
nicht *einen* Palast habe, sondern viel-
mehr eine ganze Stadt in Form eines
Palastes. Empfangen wird man vom
Cortile d'Onore, der mit sechs mal
fünf Bögen tiefer als breit ist und den
ersten Anschauungsunterricht in Sa-
chen Eleganz der Renaissance bietet.
Im Innern wechseln intime Gemächer
mit weitläufigen Präsentationsräu-
men, man schaut in Innenhöfe und
Gärten und gewinnt einen Eindruck

ⓘ MERIAN-Tipp

Ein Himmel voller Drachen Sicher nicht Aufsehen erregend, dafür umso sympathischer ist die **Festa dell'aquilone** 👥👥, das Drachenfest, das am ersten Septemberwochenende in **Urbino** stattfindet. Der Dichter Giovanni Pascoli gab mit ein paar Gedichtzeilen den Anstoß zu diesem Ereignis, das Groß und Klein in einem friedlichen Wettbewerb um den Drachen vereint, der am höchsten und weitesten fliegt. Es ist ein fröhliches Spektakel, wo jeder nur damit beschäftigt ist, seinen Kometen so ruhig wie möglich am Himmel zu halten. Prämiert werden die schönsten, fantasievollsten, technisch raffiniertesten, größten und kleinsten Drachen. Aber alle müssen sie aus dem klassischen Baumaterial Papier und Bambusrohr sein.

von dem Reichtum an Kunstschätzen, mit denen der Palast ausgestattet war. Winzig ist das Arbeitszimmer von Federico Montefeltro, **lo studiolo**, und völlig mit meisterhaft ausgeführten Trompe-l'œil-Intarsien getäfelt. In den Untergeschossen, **sotterranei**, sind die Wäscherei, Vorratsräume, Küche, Ställe und sogar Kühlanlagen zu besichtigen.

Da die Räume des Palastes gleichzeitig die **Galleria Nazionale delle Marche** beherbergen, gibt es neben Arbeiten bedeutender marchigianischer Maler einige herausragende Werke der italienischen Renaissance zu sehen. Piero della Francescas »Geißelung«, eines der geheimnisvollsten und meistdiskutierten Bilder der Kunstgeschichte, und die »Madonna von Senigallia«, Raffaels »La Muta«, Paolo Uccellos Altaraufsatz mit der »Entweihung der Hostie« und »La città ideale«, dessen Urheber ungewiss ist.

Mo 9–14, Di–Sa 9–19, So 9–22 Uhr, Eintritt 4,20 €

Essen und Trinken

Caffè Pasticceria Cartolari ■ b 1
Köstliche süße und salzige Snacks.
Via Raffaello, 52

L'Angolo divino ■ bc 2
Nette Osteria nah bei der Piazza Repubblica. Man sitzt hübsch und isst urbinatische Spezialitäten, zum Beispiel Lamminnereien mit Pilzen.
Via Sant'Andrea, 14; Tel. 07 22 32 75 59; Mi und im Okt. geschl. ★ ★ AmEx EURO VISA

Nenè südwestlich ■ a 4
Familiäre Trattoria 3 km außerhalb von Urbino mitten im Grünen. Traditionelle marchigianische Küche des Hinterlands mit vielen Fleischgerichten. Angeschlossen ist auch ein Hotel.
Via Crocicchia, 30 (SS73 Richtung Urbania, Abzweigung Solgeda, nach 2 km Wegweiser); Tel. 07 22 29 96, 07 22 35 01 61; Mo und 7.–25. Jan. geschl. ★ ★ AmEx VISA

Einkaufen

Casa del Formaggio ■ b 2
Hier gibt's den berühmten Caciotta di Urbino und viele weitere Käsesorten.
Via Mazzini, 47

Enoteca Magia Ciarla ■ b 1
Echten Weinliebhabern sei diese Enoteca empfohlen.
Via Raffaello, 54

Service

Auskunft
IAT ■ b 3
Piazza Rinascimento, 1; 61029 Urbino (PU); Tel. 07 22 26 13, 07 22 27 88, Fax 07 22 24 41; E-Mail: iat@comune.urbino.ps.it, Internet: www.comune.urbino.ps.it

Weiße Kalksteinfelsen und türkis-
blaues Wasser an der Riviera del Conero, im Landesinneren eine mediterrane Kulturlandschaft mit
Olivenhainen und Weinbergen.

Die Hauptstadt der Marken liegt in der kleinsten der vier Provinzen, die in vielerlei Hinsicht überrascht. Ganz aufs Meer und die Expansion nach Übersee konzentriert, scheint sie ihrem Hinterland sozusagen den Rücken zuzuwenden. Bis Ancona ist das Gebiet an der Küste durch Hotelklötze, Industrieanlagen, Werbeflächen und Leuchtschriften ziemlich verunstaltet. Die Ölraffinerien von Falconara und die monströsen Neubausiedlungen von Ancona setzen diese Entstellung der Landschaft erst recht fort. Doch dann erhebt sich das Vorgebirge des **Monte Conero**, und man wird mit dem schönsten Abschnitt der Markenküste belohnt.

Lässt man das Küstengebiet hinter sich, geht die Landschaft über in sanfte Hänge mit Wiesen und Feldern, Weinbergen und Olivenhainen. Zwar haben Wirtschaft und Handel der Hauptstadt auch das Wachstum der anderen Städte beeinflusst, die Schmucklosigkeit moderner Neubaugebiete bleibt jedoch den Flusstälern vorbehalten. Wendet man sich hügelaufwärts, breiten sich die Anbaugebiete von **Rosso Conero** und **Verdicchio** aus, und von oben herab grüßen die Castelli di Iesi, schöne mittelalterliche Orte in bevorzugter Lage.

ANCONA ■ E 6, S. 117

101 000 Einwohner
Stadtplan → Klappe hinten

Der Tourist, der in Ancona Nord die Autobahn verlässt und den Hafen ansteuert, um sich von dort nach Jugoslawien oder Griechenland einzuschiffen, erhält den wenig einladenden Eindruck einer Großstadt mit ge-

Die kleinen Badebuchten an der Steilküste der Riviera del Conero sind oft nur nach anstrengenden Klettertouren zu erreichen (→ S. 51).

sichtslosen Wohnblöcken und neutralen Industriebauten. Tatsächlich wurde Ancona während der beiden Weltkriege und 1972 zusätzlich durch ein Erdbeben stark zerstört, und beim Wiederaufbau achtete man weniger auf Schönheit als auf Zweckmäßigkeit.

Am Hafen trifft man auf das erste Kunstdenkmal, das von der antiken Vergangenheit dieser Stadt zeugt: den **Trajansbogen**. Der Ursprung Anconas ist jedoch noch weiter zurückzudatieren. Schon zur Zeit der Picener gab es hier eine Niederlassung. Griechische Seefahrer bauten im 4. Jh. v. Chr. zwischen den beiden Hügeln, die der Bucht die Gestalt eines Amphitheaters verleihen, eine Siedlung. Von ihnen stammt auch der Name, der sich von dem Wort »ancon« (Ellbogen) ableitet. Den Römern ist die Anlage des Hafens (278 v. Chr.) zu verdanken, dessen strategisch günstige Lage der Stadt stetiges Wachstum bescherte, auch wenn sie nie zu solcher Macht aufstieg wie beispielsweise Venedig. Im Mittelalter bildete sie 500 Jahre lang eine unabhängige Republik, geriet jedoch 1532 wie auch der Rest der Marken wieder in den Besitz des Kirchenstaats. Nach der Vereinigung Italiens 1861 und der Festlegung der Regionen wurde sie zur Hauptstadt der Marken erklärt.

Vom Hafen aus sieht man bereits den Dom Anconas **San Ciriaco**, der über der Stadt auf dem Monte Guasco thront. Und vom Hafen sind es nur ein paar Schritte in den alten Teil der Stadt, in dem sich das findet, was an sehenswerter Architektur noch erhalten ist: schöne alte Handelshäuser und Paläste, Kirchen, Plätze mit Brunnen, kleine verwinkelte Straßen, Treppen, Fassaden, Portale. Gleichzeitig zeigt Ancona großstädtisches Flair und unterscheidet sich damit grundsätzlich von allen anderen Städten der Marken.

Spaziergang

In Ancona beginnt alles beim Hafen. Von hier aus erreicht man mit ein paar Schritten die Piazza della Repubblica mit der klassizistischen Fassade des **Teatro delle Muse**, folgt dem Corso Mazzini zur Piazza Roma mit der **Fontana del Calamo**, einem Renaissancebrunnen mit 13 wasserspeienden Faunsgesichtern, und erreicht links über die Via Zappata und die Via Matteotti die Kirche **San Domenico** mit einem bemerkenswerten Altarbild von Tizian. Hinunter geht es auf die Piazza del Plebiscito mit schönen alten Renaissancepalästen, darunter der **Palazzo del Governo** rechter Hand mit der Fassade von Francesco di Giorgio Martini. Unübersehbar das **Denkmal von Papst Clemens XII.**, davor die halbrunde **Pius VII.-Brunnen**. Am Ende des Platzes rechts führt die Via Pizzecolli in den ältesten Teil der Stadt. Im Palazzo Bosdari ist die **Pinakothek** untergebracht, ein paar Schritte weiter im Palazzo Ferretti das **Archäologische Museum**. Dazwischen die gotischvenezianische Fassade der Kirche **San Francesco delle Scale** aus dem 14. Jh. und die barocke des **Palazzo degli Anziani**, heute Sitz der Wirtschafts- und Handelsfakultät der Universität von Ancona. Ein Stück weiter erblickt man den **Palazzo del Senato**, der wahrscheinlich älteste Profanbau der Stadt (Anfang 13. Jh.), und Reste des **römischen Amphitheaters**. Nach Überwindung der letzten Meter erreicht man den höchsten Punkt der Stadt mit der besten Sicht und dem **Dom San Ciriaco**. Auf demselben Weg zurück bis zur Piazza Stracca, danach die Treppen hinunter zur Piazza Dante Alighieri, nach links in den Lungo Vanvitelli und zur Kirche **Santa Maria della Piazza**. Über die Via della Loggia zur **Loggia dei Mercanti**, und man befindet sich wieder auf der Piazza della Repubblica.

Hotels/andere Unterkünfte

City ■ e 4
Angenehmes, modernes Hotel in zentraler Lage. Von den Zimmern im dritten Stock hat man eine schöne Sicht aufs centro storico.
Via Matteotti, 112; Tel. 07 12 07 09 49, Fax 07 12 07 09 49, E-Mail: info@hotelcityancona.it, Internet: www.hotelcityancona.it; 39 Zimmer ★★ AmEx DINERS EURO VISA

Jolly Miramare ■ bc 4
In der Nähe des Hafens gelegenes Jolly-Hotel mit gutem Komfort.
Rupa di Via XXIX Settembre; Tel. 0 71 20 11 71, Fax 0 71 20 68 23; E-Mail: ancona@jollyhotels.it, Internet: www.jollyhotels.it; 89 Zimmer ★★★ AmEx DINERS VISA

Sehenswertes

Arco di Traiano ■ b 1
Das berühmteste Bauwerk der Antike in Ancona wurde zwischen 100 und 115 n. Chr. zu Ehren des Kaisers Trajan und seiner Verdienste um den Hafen in weißem Marmor erbaut. Der Trajansbogen mit seinen schlanken korinthischen Säulen ist 14 m hoch; zu seinem Sockel führt eine Treppe. Der nicht weit entfernte zweite Triumphbogen, der **Arco Clementino,** ist ein Werk von Luigi Vanvitelli (1738) und stellt einen symbolischen Eingang vom Hafen zur Stadt dar.
Porto Nord

Duomo di San Ciriaco ■ c 1
Anconas Dom auf der Hügelspitze des Monte Guasco gilt als das bedeutendste Bauwerk der Stadt und ist eine der interessantesten Kirchen Italiens. In ihren Anfängen geht sie auf das 5. oder 6. Jh. zurück und wurde wahrscheinlich auf den Fundamenten eines heidnischen Venustempels erbaut. Ab dem 11. Jh. erhielt sie die Form eines griechischen

Kreuzes und somit eines Zentralbaus, später fügte man die Kuppel und den Chor mit den Seitenkapellen hinzu. Ursprünglich war die Kirche dem hl. Laurentius geweiht; im 13. Jh. taufte man sie jedoch um, als die Reliquien des hl. Cyriakus nach Ancona gelangten. San Ciriaco war ein frühchristlicher Märtyrer, der als Heiliger der Zwangsarbeiter galt und gegen böse Geister und Besessenheit half.

Domäußeres und -inneres sind in reizvollem Wechsel von romanischen, gotischen und byzantinischen Stilelementen miteinander verbunden. Über einen eindrucksvollen Treppenaufgang gelangt man zu einem spitzgiebeligen Portikus mit einer Folge von Säulen, zwei Löwen zu beiden Seiten und einem reich gestaffelten Tympanon. Das Langhaus wird von einer selten schönen Holzdecke überspannt, durch die Fenster in der zwölfteiligen Kuppel fällt geheimnisvolles gelbes Licht auf den Altarraum. In der Krypta ist der mumifizierte Leichnam des Heiligen aufbewahrt.
Colle Guasco

Loggia dei Mercanti　　■ c 3
Eine Loggia für Kaufleute, eine Börse, in der sie ihre Waren ausstellen und Geschäfte abwickeln konnten, gehörte zu einer Handelsstadt, wie Ancona sie war. Die Fassade wurde um die Mitte des 15. Jh. von Giorgio Orsini im venezianisch-gotischen Stil gestaltet und mit allegorischen Figuren geschmückt, die christliche Tugenden symbolisieren.
Via della Loggia

Mole Vanvitelliana　　■ a 4–b 5
Wie eine Insel im Hafen und nur über drei Brücken mit dem Festland verbunden ist dieses imposante fünfeckige Bauwerk. So wuchtig es mit seinem mehrteiligen Gebäudering von außen erscheint, so idyllisch wirkt der Innenhof mit einem dorischen Tempel in der Mitte. Von dem bedeutenden Architekten Luigi Vanvitelli als Militärbastion und Quarantäne-Station (daher der auch gebräuchliche Name **Lazzaretto**) in der ersten Hälfte des 18. Jh. erbaut, ist die Mole heute Veranstaltungsort für bedeutende kulturelle Ereignisse.
Porto Sud

Santa Maria della Piazza　　■ c 3
Die romanische Kirche wurde Anfang des 13. Jh. auf den Fundamenten einer frühchristlichen Basilika erbaut. Außergewöhnlich ist die orientalisch anmutende Fassade mit den Rundbögen aus weißem Marmor. Leider wurde sie nur im unteren Teil fertig gestellt. Das Portal besteht aus vier Bögen über Pilastern. In den reich dekorierten Bogenläufen sind menschliche und tierische Figuren eingeflochten. Das Innere ist dreischiffig mit einem herrlichen Kreuzgewölbe über dem Altar. Die Ausstattung wirkt karg, einige Freskenreste sowie Stücke eines Intarsienbodens bilden den einzigen Schmuck. In den Boden eingelassene Glasfenster gewähren einen Blick auf die ursprünglichen Mauern.
Lungo Vanvitelli

Museen

Museo Archeologico Nazionale delle Marche　　■ c 2
Diese bedeutende Sammlung belegt einen Zeitraum von der Steinzeit bis zum Hochmittelalter: früheste Keramik, Werkzeuge aus der Bronzezeit, Wurfgeschosse, Helme und Schmuck aus den Nekropolen der Picener, attische Vasen, etruskische Bronzegefäße, Silber- und Elfenbeingegenstände aus dem Orient, Beispiele keltischer Goldschmiedekunst. Einen besonderen Fund stellt der Kopf eines Kriegers dar, der Aufschluss gibt über die picenische Bildhauerkunst: ein mächtiger Helm, darunter ein

kleines Gesicht, mit kugelrunden, erstaunten Augen und vollen Lippen.
Palazzo Ferretti, Via Ferretti, 1; Di–So 8.30–19.30 Uhr; Eintritt 4,20 €.

Pinacoteca Civica »Francesco Podesti«   ■ c 2–3

Die Gemäldegalerie besitzt neben Bildern anconetanischer Maler eine Reihe von Werken aus der venezianischen Schule, mit der die Marken und besonders Ancona in enger Verbindung standen. So unter anderem »Madonna mit Kind« von Carlo Crivelli, »Die heilige Konversation« von Lorenzo Lotto und »Die Erscheinung der Jungfrau« von Tizian.
Palazzo Bosdari, Via Pizzecolli, 17; Mo 9–13, Di–Fr 9–19, Sa 8.30–18.30, So 15–19 Uhr; Eintritt 2,60 €

Essen und Trinken

Gino   südlich ■ a 6

Lassen Sie sich nicht abschrecken von der Lage des Restaurants im gleichnamigen Hotel vis-a-vis vom Bahnhof. Die Familientrattoria bietet eine qualitätvolle Meeresküche zu angenehmen Preisen an. Spezialität: **stoccafissa all'anconetana.**
Piazza Rosselli, 26; Tel. 07 14 33 10; So und 23.–31. Dez. geschl. ★ ★ AmEx DINERS EURO VISA

La Corte M   ■ c 3

Elegantes Restaurant im centro storico. Sehr gute mediterrane Küche, hervorragende selbst gemachte Süßspeisen. Nicht versäumen: **spigola carpacciata,** ein Fischgericht.
Via della Loggia, 5; Tel. 0 71 20 08 06; So geschl. ★ ★ AmEx DINERS EURO VISA

Osteria Teatro Strabacco   ■ c 4

Die »bunte« Atmosphäre dieses Lokals mitten im alten Stadtkern Anconas wirkt touristisch, doch die Speisen sind typisch für die Küche von Ancona. Via Oberdan, 2; Tel. 07 15 42 13; Mo geschl. ★ ★ AmEx DINERS EURO VISA

Passetto   östlich ■ f 4

Schön gelegenes Restaurant mit herrlichem Blick aufs Meer. Einfallsreiche lokale Küche, ausgezeichnete Fischgerichte und Meeresfrüchte. Sehr gute Weinauswahl.
Piazza IV Novembre, 1; Tel. 07 13 32 14; So abend, Mo und zwei Wochen im Aug. geschl. ★ ★ ★ AmEx DINERS EURO VISA

Einkaufen

Azienda Agricola Alessandro Moroder M   südöstlich ■ f 5

Ca. 4 km außerhalb von Ancona, Direktverkauf von Rosso Conero, dem DOC-Wein der Gegend, Olivenöl und Honig. Der dazugehörige Agriturismo mit dem Restaurant Aion, das »echte Markenküche« serviert, ist eine gute Adresse für Slow-Food-Anhänger.
Via Montacuto, 112, Loc. Montacuto (Strada Panoramica Richtung Portonovo, nach Montacuto rechts abbiegen); Verkauf: Mo–Sa 8–12 und 13.30–17.30 Uhr; Restaurant: Mi–Sa nur abends; So–Di geschl.

Genny Moda   südlich ■ d 6

Das elegante Modehaus verkauft hier Kleidung aus Modeschauen oder Kollektionen der letzten Saison zu günstigen Preisen.
Via Albertini, 10 (Zona Industriale); Di–Sa 10–14 und 15–19 Uhr

La Bontà delle Marche   ■ c 3

Ausgesuchte lokale Spezialitäten und eine gute Auswahl an Weinen der Region.
Corso Mazzini, 96

Pasticceria Saracinelli   ■ c 3

Schöne Bar mit köstlichen Kuchen und Petits fours. Spezialität des Hauses: Caffè Saracinelli aus Haselnusscreme, geschäumter Milch und Kakao.
Corso Mazzini, 82; Do–Di 6.30–13.15 und 15.30–20.30 Uhr

Am Abend

Von den vielen Discos, Jazzclubs, Pianobars und Pubs mit Livemusik sei diese Adresse herausgegriffen.

Barfly südlich ■ d 6
Eine Halle mit Restaurant, Bier- und Weintheke, Buchhandlung, Internetcafé und viel Programm: Musik, Kabarett, Talkshows.
Via Achille Grandi, 3 (Zona Industriale)

Service

Auskunft
IAT östlich ■ f 4
Via Thaon de Revel, 4, 60100 Ancona; Tel. 0 71 20 11 83, Fax 07 13 58 05 92; E-Mail: iat.ancona@regione.marche.it
Ancona Hafen, Tel. 0 71 20 11 83

CHIARAVALLE ■ D 6, S. 117

13 800 Einwohner

Auf dem Weg nach Chiaravalle kommt man durch ein wenig ansprechendes Industriegebiet, und von der Stadt selbst wäre nichts weiter zu berichten, befände sich in ihrem Zentrum nicht eines der beiden in den Marken gegründeten Zisterzienserklöster (→ S. 71). Die **Abbazia di Santa Maria in Castagnola** wurde 1126 von französischen Zisterziensern im gotischen Stil auf den Resten einer romanischen Kirche erbaut und zeigt die für den französischen Reformorden typische einfache und klare Architektur. Die schlichte, aber majestätische Fassade aus roten Ziegeln ist mit einer großen Rosette aus grauweißem Marmor und einem zweibogigen Fenster geschmückt. Auch der dreischiffige Innenraum hat sich trotz zahlreicher Umbaumaßnahmen im 17. Jh. seine imponierende Einfachheit bewahrt.
Im Sommer tgl. 6.30–11 und 17–19 Uhr, im Winter 6.30–11 und 17–18.30 Uhr

JESI ■ C 7, S. 116

40 000 Einwohner

Ein Ereignis der besonderen Art ist mit dem Namen Jesi verbunden. Hier wurde am 26. Dezember 1194 der spätere Kaiser Friedrich II. von Hohenstaufen geboren, der schon zu Lebzeiten den Beinamen »Stupor mundi« – »Staunen der Welt« – bekam. Die nach ihm benannte **Piazza Federico II** war damals Zentrum der mittelalterlichen Stadtanlage, heute verleihen die Fassaden der umstehenden Gebäude und der Obelisk dem Platz ganz eindeutig ein spätbarockes Aussehen. Innerhalb der enormen Stadtmauer aus dem 14. Jh. mit ihren riesigen Stützpfeilern und Wehrtürmen wird man wegen der Enge der Gässchen kaum der Schönheit der Paläste gewahr, von denen die Altstadt Jesis voll ist. Als Ende des 15. Jh. die Stadt expandierte, entstand der Stadtteil rund um den heutigen **Corso Matteotti**. Er beginnt an der Piazza della Repubblica, an der das wunderschöne **Teatro Pergolesi** (Ende 18. Jh.) steht, und endet am **Arco Clementino**. Hier flaniert zwischen fünf und sieben Uhr abends die halbe Stadt.

Hotels/andere Unterkünfte

Federico II
Luxuriöses Hotel in schöner Parkanlage für den anspruchsvollen Geschmack. Mit Kongresszentrum.
Via Ancona, 100; Tel. 07 31 21 10 79, Fax 0 73 15 72 21; E-Mail: htl.federico@pieralisi.it; Internet: www.ihc.tecnet.it/federicoii; 124 Zimmer
★ ★ ★ bis ★ ★ ★ ★ AmEx DINERS EURO VISA

Mariani
Die freundliche Pension im centro storico eignet sich gut für ein paar ruhige Urlaubstage.

Via Orfanotrofio, 10; Tel. 07 31 20 72 86,
Fax 07 31 20 00 11; E-Mail:
hmariani@tin.it; 33 Zimmer ★★
AmEx DINERS EURO VISA

Sehenswertes

Palazzo della Signoria
Eleganter Renaissancepalast nach einem Entwurf des berühmten Architekten Francesco di Giorgio Martini. Die dreigeschossige Fassade mit ihren fein dekorierten Fenstern, das prachtvolle Löwenwappen über dem Eingangsportal, der Innenhof mit der doppelten Loggia sind sehenswerte Details. Das dort untergebrachte **Museo Civico** dokumentiert die alte Stadtgeschichte.
Piazza Colocci

Palazzo Pianetti
Das lang gezogene Bauwerk, das sich zur Straße mit über 100 Fenstern präsentiert, öffnet sich zu einer italienischen Gartenanlage mit einer weitläufigen Terrasse als Abschluss. Prunkvoll ausgestattet ist der erste Stock; die Galerie ist reinstes Rokoko, reich mit Stuck und Malereien verziert und in dieser Form einmalig in ganz Mittelitalien. Heute ist in einem Teil des Palastes die **Pinacoteca comunale** untergebracht.
Via XV Settembre

Museen

Pinacoteca Comunale
Die Gemäldesammlung zeigt neben Werken der lokalen Malerei eine Anzahl herausragender Bilder von Lorenzo Lotto. Dazu gehören unter anderem die »Grablegung«, die »Verkündigung« und das Hauptwerk der Sammlung, das Polyptychon mit dem »Martyrium der hl. Lucia«.
Palazzo Pianetti, Via XV Settembre;
15. Juni–30. Sept. Di–So 10–13 und 17–23 Uhr, 1. Okt.–14. Juni Di–Sa 9–13 und 16–19, So 10–13 und 17–20 Uhr; Eintritt 3,10 €

Essen und Trinken

Galeazzi
Echter Familienbetrieb, der eine bodenständige Küche mit Fisch- und Fleischgerichten anbietet. Sehr gutes Preis-Leistungs-Verhältnis.
Via Mura Occidentali, 5; Tel. 0 73 15 79 44; Mo und 25. Juli–18. Aug. geschl. ★★

Hostaria Santa Lucia M
Hier isst man ausgezeichnet Fisch, vor allem, wenn der Inhaber Gianni Giacani selbst am Herd steht. Reservierung notwendig.
Via Marche, 2/B; Tel. 0 73 16 44 09; Mo und mittags geschl. ★★ AmEx DINERS EURO VISA

Service

Auskunft
Associazione Turistica Pro Jesi
Führungen in deutscher Sprache.
Piazza della Repubblica, 60035 Jesi (AN);
Tel. 0 73 15 97 88; Fax 0 73 15 82 91

Ufficio Relazioni con il Pubblico
Piazza della Repubblica, 1, 60035 Jesi (AN); Tel. 07 31 53 82 50, Fax 07 31 53 82 59; E-Mail: urp@comune.jesi.an.it

LORETO ■ E 7, S. 117

11 000 Einwohner

Loreto ist untrennbar mit der Legende um seine wundersame Entstehung verbunden. Engel **(angeli)** sollen um das Jahr 1294 das Geburtshaus der Maria von Nazareth nach Italien getragen und – nach drei Versuchen auf anderen Plätzen – genau an dem Ort niedergelassen haben, wo sich heute das Heiligtum der **Santa Casa** befindet. Untersuchungen zufolge stammen Gesteins- und Mörtelproben tatsächlich aus dem Heiligen Land, und man nimmt an, dass italienische Kreuzfahrer, vielleicht auch einer mit Namen Angeli,

Oben: Die Bronzestatue von Papst Sixtus V. segnet die Gläubigen auf dem Weg zur Santa Casa (→ S. 50).

Mitte: In goldenes Abendlicht getaucht – die Barockfassade der Basilika von Loreto mit der mächtigen Kuppel im Hintergrund (→ S. 50).

Unten: Über dem Hafen von Ancona wacht der Dom San Ciriaco, das Wahrzeichen der Stadt (→ S. 44).

Mauersteine mitnahmen und sie hier wieder zu einem Haus zusammenfügten. Was dem Glauben keinen Abbruch tat und Loreto zu einem der bedeutendsten Wallfahrtsorte machte mit einer mächtigen Basilika, die wie eine Festung von ihrem Hügel herab die Landschaft bewacht. Zum übrigen Ort ist nicht viel zu sagen, außer dass alles auf den Devotionalienhandel ausgerichtet ist sowie auf die Organisation und Betreuung der Pilgerströme, die hier Jahr für Jahr durchziehen.

Hotels/andere Unterkünfte

Orlando
Ein einfaches Haus passend für den kleinen Geldbeutel.
Via Villa Costantina, 89; Tel. und Fax 0 71 97 85 01; 22 Zimmer; Mitte Dez.–Mitte Jan. geschl. ★ bis ★★
AmEx DINERS EURO VISA

Villa Tetlameya M
Kleines individuelles Hotel in einer Villa aus dem 19. Jh. Geschmackvoll mit Stilmöbeln eingerichtete Zimmer. Angeschlossen das Restaurant »Zi Nenè« mit hervorragender regionaler Küche zu moderaten Preisen.
Via Villa Costantina, 187; Tel. 0 71 97 88 63, Fax 0 71 97 66 39; E-Mail: info@loretoitaly.com, Internet: www.loretoitaly.com; 8 Zimmer ★★ bis ★★★ AmEx DINERS EURO VISA

Sehenswertes

Santuario della Santa Casa
Das Geburtshaus der Maria, das der Legende nach von Engeln nach Loreto getragen wurde, ist erstmal gar nicht zu sehen. Es steht, von einem steinernen Schrein umgeben, inmitten der riesigen Basilika, und dieses ganze architektonische Ensemble wird als das »Heiligtum des Heiligen Hauses« bezeichnet.

Fast 400 Jahre dauerte der Bau (1468–1850), und viele verschiedene Architekten waren daran beteiligt. Der gewaltige Kirchenraum (60 x 93 m) besteht aus dem Langhaus und zwei Querschiffen, die jeweils mit dreiteiligen Apsiden abschließen. Dadurch ergeben sich 23 Kapellen, die zwischen dem 16. und 20. Jh. mit Ölbildern und Fresken ausgestattet wurden und jeweils der Nation gewidmet sind, die für die Errichtung Geld gestiftet hat. Die bedeutendsten stammen von Luca Signorelli und Melozzo da Forli. Direkt unter der Kuppel liegt die Santa Casa. Der kostbare Mauerschrein wurde von Bramante entworfen und von einer Reihe anderer Künstler mit Szenen aus dem Leben Marias reich verziert. In dem kargen kleinen Innenraum, in dem noch Freskenreste an den Ziegelwänden zu erkennen sind, steht die berühmte schwarze Madonnenstatue, leider nur eine Kopie, da die echte 1921 bei einem Brand zerstört wurde.

Museen

Museo Pinacoteca della Santa Casa
Hier ist das historische Archiv der Santa Casa untergebracht, eine Sammlung von Majolikagefäßen und eine Gemäldesammlung, darunter die acht Spätwerke des Lorenzo Lotto (→ S. 68).
Palazzo Apostolico, Piazza della Madonna; April–Okt. tgl. 9–13 und 16–19 Uhr, Nov.–März Sa, So 10–13 und 15–18 Uhr; Eintritt 3,60 €

Essen und Trinken

Andreina
Familienbetrieb mit einem sehr herzlichen Service. Spezialität des Hauses: Fleisch am Spieß.
Via Buffolareccia, 14; Tel. 0 71 97 01 24; Di geschl. ★★ AmEx DINERS EURO VISA

RIVIERA DEL CONERO
■ E 6–F 7, S. 117

■ E 6–F 7, S. 117

Wendet man sich von Ancona aus nach Süden, erreicht man über die **Strada Panoramica** die Riviera del Conero, die den anderen viel besungenen Küsten Italiens in nichts nachsteht. Abgesehen von der Steilküste bei Gabicce ist das Vorgebirge des **Monte Conero** (572 m) die einzige Erhebung im flachen Einerlei der Adriastrände zwischen Triest und dem Gargano und von abwechslungsreicher Schönheit. Mal stürzen schroffe, weiße Abhänge ins Meer,

---

Service

Auskunft
IAT
Via Solari, 3; 60025 Loreto (AN);
Tel. 0 71 97 02 76, Fax 0 71 97 00 20;
E-Mail: iat.loreto@regione.marche.it

OSIMO
■ E 7, S. 117

■ E 7, S. 117

28 000 Einwohner

»Auximum« hieß die Stadt in römischen Zeiten, heute werden die Einwohner ironisch auch die »Enthaupteten« genannt nach zwölf römischen Statuen (im Palazzo Municipale aufgestellt), die man nach der Christianisierung, wie es damals Brauch war, ihrer Köpfe beraubte. Aus dem Mittelalter hat sich die Stadt vieles bewahrt. Die Straßen sind eng, die Palazzi drängen sich zusammen. Den höchsten Punkt bildet der **Dom San Leopardo**, mit einer bemerkenswerten Fassade zur Piazza del Duomo, geschmückt mit Tier- und Fabelgestalten. Das rechts vom Dom liegende **battisterio** (hinter einem Hoftor) aus dem 12. Jh. war ursprünglich mit Fresken aus der Giottozeit ausgemalt, heute sind Malerei und Taufbrunnen reinster Barock.

Die Basilika **San Giuseppe da Copertino, ex San Francesco** (13. Jh.) in der Via San Francesco, nach ihrer Erbauung dem hl. Franziskus geweiht, hat sich äußerlich ihren ursprünglichen Stil unversehrt erhalten. Sie wurde 1781 umgetauft, nachdem der hl. Joseph von Copertino hier gewirkt hatte, von dem die Legende erzählt, dass er sich in ekstatischer Trance vom Boden erheben und fliegen konnte. Seine Gebeine sind in der Krypta aufbewahrt, das Bild, das von der wunderbaren Gabe des Fliegens kündet, ist von Ludovico Mazzanti. Das Innere der Kirche wurde barockisiert, von Bedeutung ist ein Altarbild Antonio Solaris' aus dem Jahr 1503.

---

❶ MERIAN-Tipp

Antiquarium Statale Wer sich für die alte Kultur der Picener interessiert, dem Volk, das zwischen dem 7. und 2. Jh. v. Chr. die Marken besiedelte, kommt im kleinen, aber feinen Museum von **Numana** auf seine Kosten. Zu bewundern sind zwei fast vollkommen intakte Karren, die auf das Ende des 6. Jh. v. Chr. datiert werden und bei Ausgrabungen in der Umgebung Sirolos gefunden wurden, sowie eine Reihe von Schmuckstücken und Gefäßen aus einem Grab, das wegen seiner Größe (40 m Durchmesser) und dem Reichtum seiner Beigaben (über 6000 Gegenstände) nur einer Königin gehören kann. Ende der 90er Jahre komplett restauriert, vermittelt das kleine Museum heute einen guten Einblick in die an archäologischen Funden reiche Gegend. Via La Fenice, 4; Numana (22 km von Ancona); tgl. 8.30–19.30 Uhr; Eintritt 2,10 € ■ E 7, S. 117

mal wächst die Macchia bis fast ans Ufer, mal türmen sich Felsbrocken auf, mal öffnen sich kleine Buchten.

Eine Wanderung ist im Frühling am schönsten, wenn das frische Grün der Vegetation, das strahlende Gelb des Ginsters und das Türkisblau des Meers besonders intensiv leuchten. **Portonovo** liegt direkt am Meer, wo die Steilhänge das einzige Mal zu einer flachen Halbinsel auslaufen, während **Sirolo** und **Numana** eine »bevorzugte Hanglage« genießen. Wie ein Überbleibsel aus einer Zeit, als sich die Erde zu ihrer heutigen Form faltete, wirken die beiden vorgelagerten Felsen, »le due sorelle«, die zwei Schwestern genannt. Oberhalb liegt die **Badia di San Pietro**, ein ehemaliges Kloster, heute zu einem Hotel in herrlicher Panoramalage umgebaut. Der sich anschließende Küstenstreifen ist lang und in der Hochsaison restlos überfüllt, im Frühsommer und Herbst jedoch finden Besucher an den kleinen Kies- und Felsenstränden oder in den vorzüglichen Fischrestaurants immer einen Platz.

Hotels/andere Unterkünfte

Emilia 🅜🅜

Das am Monte Conero gelegene Hotel zeichnet sich durch seine schöne Lage oberhalb von Portonovo aus. Äußerlich zwar nicht sehr bemerkenswert, dafür schick und komfortabel ausgestattet. Eine Besonderheit sind die zahllosen Bilder zeitgenössischer Künstler, die die Wände schmücken. Via Poggio 149/A, Portonovo (12 km von Ancona); Tel. 0 71 80 11 45, Fax 0 71 80 13 30; E-Mail: info@hotelemilia.com, Internet: www.hotelemilia.com; 31 Zimmer, 3 Suiten
★ ★ ★ ★ AmEx DINERS EURO VISA

Excelsior La Fonte 🅜

Von den in Portonovo gelegenen Häusern sei dieses empfohlen. Es liegt mitten in einem mediterranen Park 50 m vom Meer entfernt. Ausge-zeichneter Service, hervorragendes Preis-Leistungs-Verhältnis. Via Poggio, Portonovo (12 km von Ancona); Tel. 0 71 80 14 70, Fax 0 71 80 14 74; E-Mail: info@excelsiorlafonte.it; 62 Zimmer
★ ★ ★ AmEx DINERS EURO VISA

Sehenswertes

Santa Maria di Portonovo

Die kleine romanische Kirche von Portonovo steht auf einer grünen Anhöhe direkt am Meer. Sie wurde im 11. Jh. von Benediktinern gegründet und aus den hellen Steinquadern erbaut, die man dem Conero abgewann. Eigenwillig der Grundriss mit drei Langschiffen, die von zwei weiteren verkürzten Seitenschiffen flankiert werden. Das Innere wirkt weiträumig und lebt von der Vielfalt der Details, der Feinheit der Lichtführung und nicht zuletzt vom ununterbrochenen Rauschen der Wellen, das von draußen hereindringt. Portonovo (12 km von Ancona); im Sommer tgl. 16.30–20 Uhr, im Winter So und an Feiertagen 10.30–13 Uhr

Service

Auskunft

IAT Numana
Piazza del Santuario, 24; Tel. und Fax 07 19 33 06 12

IAT Sirolo
Via Peschiera; Tel. und Fax 07 19 33 06 11

SENIGALLIA ◼ C 5, S. 116

41 000 Einwohner

Dass Senigallia eine der ältesten römischen Kolonien an der Adria war, ist höchstens noch am Namen zu erkennen. Sie hieß »Sena Gallica« zur Unterscheidung von »Sena Etrusca«, dem heutigen Siena. Ihre Blütezeit erlebte die Stadt unter der Herrschaft der della Rovere. Ansprechende Plätze und Gebäude, etwa der **Palazzo Municipale**, künden von dieser glücklichen Periode. Dank der **Fiera della Maddalena**, einer berühmten Messe, die sich im 17. Jh. installierte und bis heute im Juli/August stattfindet, sowie der Zollfreiheit herrschte im 17. und 18. Jh. reger Betrieb im Hafen von Senigallia: Jährlich landeten hier rund 500 Schiffe und schlugen Waren im Wert von mehr als 10 Millionen Scudos um. Heute hat sich der Ort ganz auf den Tourismus verlegt und erfreut sich dank seiner »spiaggia di velluto«, eines besonders feinen Sandstrands, großer Beliebtheit. Für den hohen Standard der Strandeinrichtungen, die Sicherheit beim Baden und die Wasserqualität wurde er sogar von der Gesellschaft für Umweltschutz mit der Blauen Flagge ausgezeichnet.

Hotels/andere Unterkünfte

Cristallo
Modernes Hotel, ein paar Schritte vom Meer entfernt, mit angenehmem Komfort und schönem Dachgarten.
Lungomare Alighieri, 2; Tel. 07 17 92 57 67, Fax 07 17 92 57 68; 57 Zimmer ★★★
AmEx EURO VISA

Villa Pina
Hübsche Jahrhundertwende-Villa mit kleinem Garten, kürzlich renoviert.
Via Podesti, 158; Tel. 07 17 92 67 23, Fax 07 16 55 58; 15 Zimmer; im Feb. geschl. ★★★ AmEx DINERS EURO VISA

Sehenswertes

Ex-Convento Santa Maria delle Grazie
Das ehemalige Kloster – 3 km außerhalb Senigallias auf dem Weg zum Friedhof gelegen – birgt einen sehr schönen Kreuzgang und das **Museo di Storia della Mezzadria** 👫 mit einer umfangreichen Sammlung von Werkzeugen und Gegenständen rund um das bäuerliche Leben. Im Halbpachtsystem, der **mezzadria**, die 600 Jahre in den Marken herrschte, stellte der Grundbesitzer einer Familie Haus und Land zur Verfügung. Die Ernte sowie ein Teil der Ausgaben wurden geteilt. Alles, was die Familie im täglichen Leben brauchte, fertigte sie selbst, von den Gerätschaften für die Feldbestellung über Möbel und Hausrat bis zu Kleidung und Schuhwerk. Die kleine Kirche der Klosteranlage schmückte einst Piero della Francescas großartige »Madonna di Senigallia«. Heute hängt das Gemälde in der Galleria Nazionale delle Marche in Urbino (→ S. 41). Immerhin ist der Renaissancekirche ein ebenbürtiges Madonnenbild von Perugino geblieben.
Di–So 8.30–12 Uhr, im Sommer auch nachmittags; Eintritt frei

Foro Annonario
Das klassizistische Gebäude (1831) besteht aus 30 dorischen Säulen und umschließt vollkommen symmetrisch einen Platz mit einem Brunnen. Auf diesem traditionellen Handels- und Marktplatz der Stadt findet auch heute noch vormittags der Markt von Senigallia statt.

Rocca Roveresca
Die gegen Ende des 15. Jh. von Baccio Pontelli erbaute Festung ist besonders gut erhalten. Besichtigt werden können die inneren Wehranlagen sowie ein Museum mit einer ständigen Ausstellung zur Geschichte der Familie della Rovere. Im Sommer finden hier auch Konzerte statt.
Piazza del Duca; tgl. 8.30–19 Uhr; Eintritt 2,10 €

Essen und Trinken

Al Cuoco di Bordo
Sehr schön am Meer gelegenes Restaurant mit großer Terrasse, und

natürlich kommt Fisch auf den Tisch. Reservierung empfehlenswert. Lungomare D. Alighieri, 94; Tel. 07 17 97 96 61; Mi, So abend und 18. Nov.–9. Dez. geschl. ★ ★ ★ AmEx DINERS EURO VISA

Caffè Meridiana

Der Treffpunkt zum Aperitif mit einer köstlichen Auswahl von Appetitanregern.
Piazza Roma

Osteria del Teatro M

In diesem Lokal gehören Kultur und Essen zusammen. Dichterlesungen, Kunstausstellungen, traditionelle Gerichte aus dem Hinterland und eine feine Auswahl am kalten Buffet.
Via Fratelli Bandiera, 70; Tel. 07 16 05 17; Mi im Winter, mittags und im Juni geschl. ★ ★

Uliassi M M M

Sehr stilvolles Fischrestaurant direkt am Strand. Fantasievolle Speisekarte mit ausgezeichneten Antipasti und leckeren Desserts.

Via Bianchina di Levante, 6; Tel. 07 16 54 63; Mo und Jan.-Feb. geschl. ★ ★ ★ ★ DINERS VISA

Einkaufen

Enoteca Galli

Bestsortierte Wein- und Feinkosthandlung der Gegend.
Via Pisacane, 15

Am Abend

Shalimar

Ausstattung à la Antonio Gaudì, Techno-Rhythmen und am Samstag Salsa.
Loc. Scapezzano (3 km in Richtung Monterado)

Service

Auskunft
IAT
Piazzale Morandi, 2; 60019 Senigallia (AN); Tel. 07 17 92 27 25, Fax 07 17 92 49 30; E-Mail: iat.senigallia@regione.marche.it

Wer sich mit Wein und Feinkost eindecken will, ist in der Enoteca Galli in Senigallia an der richtigen Adresse.

Im Hinterland der Marken um

Fabriano liegen die Gegensätze reizvoll und rau nah beieinander. Das Erlebnis Natur wird für den Erholungsreisenden hier groß geschrieben.

Beim ersten Anblick wirken Fabriano und seine von Industriebetrieben und Neubauten geprägte Umgebung nicht sehr ansprechend. Doch ist man schließlich in den alten Stadtkern vorgedrungen, entpuppt sich Fabriano als durchaus sehenswert. Ähnlich wechselhaft präsentiert sich auch die Landschaft mit Bergen von über 1000 m Höhe und tosenden Flüssen. Eben noch hässlich zersiedelt, überwältigt sie einen im nächsten Augenblick mit ihrer wilden Schönheit.

Nördlich von Fabriano erstreckt sich der Naturpark der **Gola della Rossa e di Frasassi,** der mit seltenen Tieren und Pflanzen, tief eingeschnittenen Schluchten und einer magischen Höhlenwelt, darunter die gigantischen **Tropfsteinhöhlen von Frasassi,** einiges zu bieten hat. Der Sentino mit seinen Stromschnellen ist ein Paradies für Kanu- und Kajaksportler, dem Wanderer oder Mountainbiker stehen viele Touren in allen Schwierigkeitsgraden zur Auswahl, und für die körperliche Gesundung sorgen Mineralquellen mit allen Arten von heilenden Wassern. Südlich von Fabriano reiht sich in der Ferne die blaue Bergkette der **Monti Sibillini,** eine großartige Hochgebirgslandschaft mit Gipfeln, die zu den höchsten Italiens zählen.

Im **Parco Nazionale dei Monti Sibillini** kommen Wanderbegeisterte sowie Langlauf- und Alpinskifahrer auf ihre Kosten. Auf dem Weg dorthin durchquert man das Weinanbaugebiet des Verdicchio di Matelica. Er wächst auf steinigem Boden unter kühleren klimatischen Bedingungen und ist von kräftigerem Geschmack als sein Bruder von den Colli di Iesi. Die kleineren und größeren Ortschaften, in Tälern oder an steilen Hängen gelegen, künden noch von den Anfängen der Marken, als reger Handel diesseits und jenseits des Apennins betrieben wurde. Der reiche Glanz jener Zeiten ist vergangen, was übrig blieb, ist jedoch immer noch von dieser überraschenden Schönheit, um derentwillen die Entdeckung der Marken eine Reise wert ist.

ARCEVIA ■ F 4, S. 115

6000 Einwohner

Zu seinen Glanzzeiten war das kleine, 535 m hoch gelegene Städtchen eine Bastion des Kirchenstaats. Erhalten hat sich das mittelalterliche Ensemble mit eng stehenden Häusern, schmalen Gässchen, Stadtmauer und -toren.

Vor allem wegen ihrer Innenausstattung sehenswert ist die Kirche **San Medardo** aus dem 17. Jh. Drei Werke der Hochrenaissance schmücken den Raum: ein glanzvoller Terrakotta-Altar von Giovanni della Robbia und zwei herrliche Altarbilder von Luca Signorelli. Im **Kloster San Francecso** wurde 1996 das **Museo Archeologico Statale** 👥 eingerichtet, das – didaktisch vorbildlich aufbereitet – Fundstücke aus den Grabungen um Arcevia zeigt (Corso Mazzini, 67; tgl. 9–13.30 Uhr; Eintritt frei).

Von der einstigen Bedeutung Arcevias künden noch die zahlreichen **castelli** ringsum, die sich pittoresk an steilen Hängen hinaufziehen oder die Hügelkuppen krönen und auf jeden Fall eine Rundreise lohnen. Heute stellt Arcevia die flächenmäßig größte Kommune der Marken dar und ist wegen seiner luftigen Lage und der waldigen Umgebung ein beliebter Ferienort. Den Blick vom **Giardino Leopardi** auf Meer und Berge sollte man jedenfalls nicht versäumen.

CAMERINO ■ A 13, S. 120

8500 Einwohner

Im gebirgigen Teil der Provinz auf 643 m Höhe zwischen den tief eingeschnittenen Tälern des Potenza und Chienti gelegen, wirkt das Städtchen trotz der dort ansässigen Universität sehr isoliert. Das war nicht immer so.

Als wichtiger Umschlagplatz für die Handelsbeziehungen diesseits und jenseits des Apennin wurde der Ort von Karl dem Großen sogar zur Hauptstadt der Marca von Camerino ernannt. Ihre Glanzzeit erlebte die Stadt jedoch zwischen dem 13. und 16. Jh. während der fortschrittlichen Herrschaft der Familia Da Varano. In dieser Zeit entstanden die kleine Universität und die Malerschule von Camerino, deren Einfluss auf die Kunst Mittelitaliens bedeutend war. Hauptvertreter dieser Schule sind Arcangelo di Cola, Giovanni Boccati und Girolamo di Giovanni. Heute bewundert man die intakt gebliebene Altstadt mit der schönen **Piazza Cavour**, an der die Kathedrale, der Palast des Erzbischofs und der **Palazzo Ducale** liegen. Im Herzogspalast sollte man einen Blick in den eleganten Renaissanceinnenhof werfen, der mehr oder weniger als Campus dient, denn der Palazzo ist heute Sitz der Universität. Vom Cortile gelangt man zu einer Terrasse, die eine herrliche Aussicht auf die Landschaft und die Botanischen Gärten der Universität gewährt.

Ziel in der Umgebung

Rocca Varano ❦❦ ■ A 14, S. 120

Die Festung der Herren von Varano aus dem 13. Jh. liegt auf einem steil aufragenden Felsen, von wo aus sie das Tal des Chienti dominierte. Man biegt von der SS 77 nach Camerino ab und folgt gleich darauf dem Wegweiser nach rechts. Heute kümmert sich die Associazione »Arti e Mestieri« um die Erhaltung und hat dort ein Zentrum für Kunsthandwerk eingerichtet. Neben Ausstellungen, Seminaren und Workshops werden Führungen und Veranstaltungen angeboten, außerdem wurde ein Observatorium eingerichtet.

Ca. 6 km westlich von Camerino; im Mai, Juni und Okt. So 16–19.30 Uhr, im Juli und Sept. Sa 16–19.30 Uhr, So 10.30–12.30 und 16–19.30 Uhr; im Aug. Di–So 10.30–12.30 und 16–19.30 Uhr; Eintritt 1,60 €

FABRIANO
■ A 8, S. 116

30 000 Einwohner

Papier aus Fabriano – für alle, die mit diesem Material zu tun haben, ist der Name ein Begriff. Um das Jahr 1264 datiert man die Entstehung der ersten Manufaktur, der ältesten in Italien. Die Erfindung des Wasserzeichens trug zur weiteren Berühmtheit bei, heute noch lassen der italienische Staat und viele andere Länder das Papier für ihre Banknoten in Fabriano herstellen, jetzt auch den Euro. Zusätzliches Ansehen gewann die Stadt durch die Malschule von Fabriano und deren Hauptprotagonisten, Gentile da Fabriano, Meister des so genannten internationalen Malstils des späten 14. Jh. Es sind jedoch nur Werke von anderen Vertretern erhalten, der beste davon ist Allegretto Nuzi. Seine Arbeiten sind in der **Pinacoteca Civica** zu sehen und im danebenliegenden **Dom**.

Fabriano ist heute eine Industriestadt, vor allem für Haushaltsgeräte, mit den entsprechenden Neubauvierteln ringsum. Doch der alte Kern hat sich bewahrt mit einer Vielzahl von Bauwerken und Plätzen, die untereinander durch enge Sträßchen verbunden sind. Hier findet man auch die Geschäfte, in denen Fabrianos gute Würste verkauft werden, von denen es mindestens so viele Sorten gibt wie beim Papier.

Hotels/andere Unterkünfte

Aristos
Kleine, angenehme Pension im Zentrum Fabrianos.

Via Cavour, 103; Tel. 0 73 22 23 08, Fax 0 73 22 14 59; E-Mail: hotel.aristos@libero.it; 8 Zimmer ★ ★ ★ AmEx DINERS EURO VISA

Janus
Beliebt bei Geschäftsleuten ist dieses zentral gelegene Hotel. Komfortabel die Ausstattung, hervorragend das Restaurant (→ S. 59).
Piazzale Matteotti, 45; Tel. 07 32 41 91, Fax 07 32 57 14; E-Mail: prenotazioni @janushotel.it; 78 Zimmer ★ ★ bis ★ ★ ★ AmEx DINERS EURO VISA

Sehenswertes

Capella Sant'Orsola
Die Seitenkapelle in der Kirche des ehemaligen Klosters San Domenico zeigt einen sehr schönen Freskenzyklus aus der Schule des Allegretto Nuzi. Das Fresko »Kreuzigung zwischen zwei domenikanischen Heiligen« im ehemaligen Refektorium stammt von Antonio da Fabriano.
Largo Fratelli Spacca

Duomo San Venanzo
Von der ursprünglichen Struktur aus dem 14. Jh. ist nach der völligen Umwandlung im 17. Jh. nur die Apsis mit Seitenkapellen übrig. In einer davon ist der herrliche Freskenzyklus »Leben und Martyrium des hl. Laurentius« von Allegretto Nuzi (um 1365) zu sehen. Der restliche Innenraum ist prunkvolles Barock mit Gemälden von Salvatore Rosa, Francesco Guerrieri u.a.
Piazza Umberto

Loggiato San Francesco
Der 19-bögige Arkadengang (17. Jh.) auf der Piazza del Comune lockert den wuchtigen Eindruck der umliegenden Palazzi auf. Besonders stimmungsvoll präsentiert sich der Loggiato abends im Licht der gelben Lampen.
Piazza del Comune

Palazzo del Podestà

Bis auf den Mauerkranz, der erst später hinzugefügt wurde, hat sich der romanisch-gotische Palast von 1255 sein ursprüngliches Aussehen mit dem spitzbogigen Tor, durch das wie eh und je der Verkehr fließt, bewahrt. Die zweischalige **Fontana Sturinalto** davor stammt aus dem 14. Jh. und erinnert in ihrer Form an die berühmte Fontana Maggiore in Perugia.

Piazza del Comune

Pinacoteca Civica »Bruno Molajoli«

Die Gemäldegalerie enthält viele Werke aus der Schule von Fabriano, darunter von Allegretto Nuzi und Antonio da Fabriano, eine Reihe von Fresken aus dem ehemaligen Konvent von Sant'Agostino und eine Sammlung flämischer Tapisserien.

Via del Poio; wegen Restaurierungsarbeiten vorübergehend im Museo della Carta e della Filigrana

Museen

Essen und Trinken

Museo della Carta e della Filigrana

Einen interessanten Anschauungsunterricht rund ums Papier bietet das im Kloster San Domenico untergebrachte Papiermuseum. Beim Rundgang, der auch auf Deutsch geführt wird, kann man bei der Herstellung von handgeschöpftem Papier zusehen und auch welches kaufen.

Largo Fratelli Spacca; im Sommer Di–Sa 10–18, So 10–12 und 16–19 Uhr, im Winter Di–Sa 10–18, So 10–12 und 14–17 Uhr; Eintritt 3,40 €

Il Marchese del Grillo M

Landrestaurant in einer Villa aus dem 18. Jh. ca. 8 km außerhalb. Marchigianische Küche mit fantasievoll variierten Rezepten. Beachtliche Weinauswahl.

Loc. Rocchetta Bassa, 73 (Richtung Ancona, nach ca. 3 km links); Tel. 07 32 62 56 90; So abend, Mo und 10.–31. Jan. geschl.

★ ★ ★ AmEx DINERS EURO VISA

Eine magische Welt aus bizarr geformten Skulpturen – die Tropfsteinhöhlen von Frasassi.

La Pergola dell'Hotel Janus M
Elegante, gepflegte Atmosphäre,
große Auswahl an ursprünglichen
Gerichten, die das Niveau der einfa-
chen regionalen Küche übersteigen.
Piazzale G. Matteotti, 45; Tel. 0 73 24 19 12
⭐⭐⭐ AmEx DINERS EURO VISA

Einkaufen

C. Bilei
Schönes altes Geschäft mit lokalen
Spezialitäten und Wurstwaren.
Via Cialdini, 7

**Maestri Cartai di Bartolini
Mariano** M
Handgefertigtes Papier mit Wasser-
zeichen.
Largo Bartolo da Sassoferrato

Service

Auskunft
APT
Piazza Manin, 11, 60044 Fabriano (AN);
Tel. 07 32 62 50 67, 07 32 62 96 90,
Fax 07 32 62 97 91

IAT
Piazza del Comune, 42, 60044 Fabriano
(AN); Tel. 07 32 53 87, Fax 07 32 62 97 91;
E-Mail: iat.fabriano@regione.marche.it

Ziele in der Umgebung

Grotte di Frasassi 👥
■ A 7, S. 116

Erst vor 30 Jahren entdeckte man die
Tropfsteinhöhlen von Frasassi, ein
Tunnel- und Höhlensystem von über
35 km Länge. Ein kräftiger Luftzug
brachte eine Gruppe von jungen
❻ Höhlenforschern 1971 auf die
Spur der so genannten »Grotta
Grande del Vento«, der »Großen
Windgrotte«. Nur ein Teil des Höhlen-
systems ist für das Publikum geöffnet; der Besuch dauert etwa eine

Stunde, und da die Temperatur 14
Grad nicht übersteigt, sollte man entsprechend angezogen sein. Der Weg,
der durch die Höhlen führt, ist auf
Brückenstelzen gebaut, und so hat
der Besucher den Eindruck, als
schwebe er durch diese Welt aus fan-
tastisch geformten Tropfsteingebil-
den, über kleine Seen mit glasklarem
Wasser und unter versteinerten Ge-
wächsen von gigantischen Ausmaßen
hindurch. Seit 1,4 Millionen Jahren
wird das Kalkgestein vom Wasser
ausgehöhlt, wachsen Stalagmiten
und Stalaktiten stetig – Tropfen für
Tropfen. Die im Laufe der Zeit ent-
standenen steinernen Skulpturen
sind so bizarr wie ihre Namen: Orgel,
Giganten, Obelisk, Schwert des Da-
mokles, Kerzen, Bär, Kamel, Drome-
dar. In die mit 200 m Höhe größte
Höhle, genannt »Abisso Ancona«,
würde der Mailänder Dom bequem
hineinpassen.
Genga, Grotte di Frasassi (ca. 16 km nördlich von Fabriano; SS76 Richtung Ancona,
nach ca. 8 km Ausfahrt San Vittore delle
Chiuse; hier befinden sich auch die gleichnamigen Thermalquellen); Internet:
www.frasassi.com; tgl. Führungen 11 und
15 Uhr; März–Okt. tgl. Führungen 9.30–18
Uhr, Aug. 8.30–18.30 Uhr alle 10 Minuten,
Nachtführungen 20. Juli–25. Aug. 21 und
22.30 Uhr; 4., 25. Dez. und 1. sowie
10.–30. Jan. geschl.; Eintritt 10,30 €

San Vittore delle Chiuse
■ B 7, S. 116

Auf dem Weg zu den Grotten von
Frasassi kommt man an dieser Kirche
vorbei. Sie wurde im 11. Jh. erbaut
und gehört zu den wichtigsten Zeug-
nissen romanischer Baukunst in den
Marken. Fast wie eine kleine Festung
steht sie allein auf der grünen Wiese.
Ihr Zentrum ist mit einer kleiner Kuppel gekrönt, der wuchtige Turm wurde erst später hinzugefügt.

SAN SEVERINO MARCHE

■ B 13, S. 120

13 000 Einwohner

Die Stadt zerfällt in zwei Teile: Das **castello**, der alte Teil, liegt hoch auf dem Montenero, der **borgo** breitet sich unterhalb aus und ist ein betriebsames Landwirtschafts- und industriezentrum. Der alte Kern der Unterstadt gruppiert sich um die schöne, ellipsenförmige **Piazza del Popolo** mit zwei Brunnen rechts und links. Der zum großen Teil von Arkadengängen umrundete Platz ist heute von Gebäuden aus dem 16. und 17. Jh. umgeben. Auch sonst zeigt San Severino viel Barock und macht mit seinen zahlreichen Palazzi einen herrschaftlichen Eindruck.

Sehenswertes

Castello
Hinter der Porta delle Sette Cannelle steigt die Straße zum Castello hoch. Rechts von der **Torre Comunale** aus dem frühen 14. Jh. schließt sich die Mauer eines **Klarissenklosters** an. Daneben sind noch Überreste des **Konsulpalastes** zu sehen. Den **Duomo Vecchio** ziert ein romanisches Portal und eine Fassade aus dem Trecento. Der massive Campanile aus roten Ziegeln zeigt im oberen Teil gotische Fenster. Im Inneren sehenswert ist das Chorgestühl mit reichen Intarsienarbeiten; der Freskenzyklus von Lorenzo und Jacopo Salimbeni, der die Taufkapelle schmückte, ist jetzt in der Pinakothek aufbewahrt.

San Lorenzo in Doliolo
Die Ursprünge dieser Kirche reichen ins 6. Jh. zurück; was man heute sieht, stammt aus dem 11. Jh. mit späteren Änderungen. Der Campanile ist dem des Duomo Vecchio nachempfunden. Das romanisch-gotische Innere mit dem erhöhten Chorraum

wurde jüngst renoviert. In der Krypta sind Reste von Fresken der Brüder Salimbeni zu sehen.
Via Salimbeni

Museen

Pinacoteca Civica »Pietro Tacchi Venturi«
Ein Teil der Sammlung besteht aus Werken der Brüder Lorenzo und Jacopo Salimbeni, die in San Severino um 1375 geboren wurden und zu den bedeutenden Malern der Frührenaissance gehören. Sie sind die Väter einer kleinen Malerschule, wirkten auch in Urbino und haben dort ihr Hauptwerk hinterlassen (→ S. 40). Unter den anderen hier ausgestellten Malern sind Allegretto Nuzi, Pinturicchio und Vittore Crivelli hervorzuheben. Palazzo Manuzzini, Via Salimbeni, 39; 1. Juli–30. Sept. Di–So 9–13 und 16.30–18.30 Uhr; 1. Okt.–30. Juni Di–So 9–13 Uhr; jeden 2. So geschl.; Eintritt 2,10 €

Essen und Trinken

Due Torri M
Sympathisches Restaurant (auch Hotel) im **castello**, Familienbetrieb seit 1932, bodenständige Küche mit Gerichten aus der Gegend. Via San Francesco, 21, Castello; Tel. 07 33 64 54 19, Fax 07 33 64 51 39; E-Mail: info@duetorri.it; Mo geschl. ★ ★ AmEx DINERS EURO VISA

Service

Auskunft
Pro Loco
Piazza del Popolo, 43, 61047 San Severino Marche (MC); Tel. und Fax 07 33 63 84 14

Wandern
Comunità Montana Alta Valle del Potenza
Auskünfte zu geführten Wanderungen und Bergtouren.

Via Salimbeni, 6; 61047 San Severino
Marche (MC); Tel. 07 33 63 72 45,
Fax 07 33 63 44 11

VISSO ◼ A 15, S. 120

1300 Einwohner

Die kleine Stadt liegt weit ab im Südwesten an der Grenze zu Umbrien,
gelangte jedoch wegen ihrer Lage an
der Verbindungsstraße zwischen Fo-
ligno und Camerino zu einiger Bedeutung. Von dem vergangenen
Reichtum künden noch die schönen
alten Palazzi und die stattlichen Bür-
gerhäuser, die die Straßen und Plätze der Altstadt säumen. In Visso ist
auch der Sitz des **Nationalparks der
Monti Sibillini,** und von hier aus lassen sich interessante Exkursionen or-
ganisieren.

Sehenswertes

Collegiata Santa Maria
Der romanisch-gotische Bau hat später einige Umwandlungen erfahren,
ist jedoch in seinen Details noch sehr
sehenswert geblieben. Man betritt
die Kirche durch ein altes, mit zwei
Löwen und kleinen Säulen ge-
schmücktes Portal. Die Holzdecke im
Inneren wurde im 17. Jh. barockisiert,
die Fenster im 20. Jh hinzugefügt. Von
der Bemalung sind die Fresken in der
Apsis am besten erhalten und zeigen
in Komposition und meisterlicher
Farbgebung den Einfluss Giottos.
Bemerkenswert ist das romanische
Taufbecken mit zwei kunstvoll dekorierten Sarkophagen aus dem 13. Jh.
Piazza dei Martiri Vissani

Service

Auskunft
Ufficio Informazione Turistica (im
Sommer)
Piazza dei Martiri Vissani, 62039 Visso
(MC); Tel. 07 37 92 39

Ziel in der Umgebung

Parco Nazionale dei Monti Sibillini
◼ A 14–B 16, S. 120

Die Sibillinischen Berge, die den
Südwesten der Marken begrenzen
und einen Teil des apenninischen Ge-
birgszugs bilden, wurden 1993 **7**
zum Naturschutzgebiet erklärt.
Schon Leopardi besang die Schönheit der »blauen Berge«. Es ist eine
großartige, Ehrfurcht einflößende
Hochgebirgslandschaft mit Gipfeln,
die zu den höchsten Italiens zählen.
Die mittelalterliche Literatur hielt den
Monte Sibilla für den Eingang zur
Hölle und machte ihn zum Sitz der
griechischen Zauberin Alcina, die
nach der Geburt Christi dorthin ver-
bannt wurde.

Im Frühjahr verwandeln sich die
karstigen Hochebenen in ein Blüten-
meer, vor allem das größtenteils
schon zu Umbrien gehörende **Piano
Grande** von **Castelluccio.** 1940 m
hoch liegt der **Lago di Pilato,** einziger
Gletschersee des Apennin und bewacht vom höchsten Berg der Sibillini, dem 2476 m hohen **Monte Vetto-
re.** Auf dem Grund des Sees soll, so
wird berichtet, Pontius Pilatus, der
Jesus zum Tode verurteilte, begraben
sein.

Die Straßen des Nationalparks
sind größtenteils gut befahrbar, es
empfiehlt sich jedoch mit vollem
Tank zu starten, die meisten der kleinen Ortschaften haben keine Tank-
stelle (→ S. 98).

Service

Auskunft
Casa del Parco
Via Indipendenza, 73, 63021 Amandola
(AP), Tel. und Fax 07 36 84 85 98; Via del
Bargello, 8, 62039 Visso (MC); Tel. und
Fax 0 73 79 52 62

Spätgotische Fresken à la Giotto in Tolentino, Freilichtoper im Sferisterio von Macerata, Giacomo Leopardi in Recanati: Kunst und Kultur im »Herzen der Marken«.

Das Gesicht der Landschaft um Macerata ist vor allem von der Industrie geprägt, den vielen größeren und kleineren Fabriken, die das so genannte Wirtschaftsmodell der Marken sichtbar repräsentieren. Es ist sehr jung, dieses Modell, kaum 30 Jahre alt. Sein Prinzip, die Anforderungen der Industrialisierung an die Charakteristik des Ortes anzupassen und sich diese zunutze zu machen, traf hier auf fruchtbaren Boden. Derselbe Unternehmergeist, den die Bauern über 600 Jahre im Halbpacht-System entwickeln mussten, ließ sie nunmehr ihre Fähigkeiten auf andere produktive Gebiete verlagern und sie harmonisch mit den bereits bestehenden koordinieren. Bedeutende Vertreter dieses sehr effektiven Unternehmertums sind zum Beispiel Diego della Valle, Erfinder der weltberühmten Schuhmarke Tod's, und i Guzzini, die mit ihrem Lichtdesign die Pyramide des Louvre zum Leuchten brachten.

Glanzpunkte bieten sich aber auch dem kunst- und kulturliebenden Reisenden: überragende architektonische Kunstdenkmäler wie die Basilika di San Nicola in **Tolentino**, die Spätgotik sowie Barock prachtvoll in sich vereint, oder das in der typischen Bauweise der Zisterzienser gehaltene Kloster **Chiaravalle di Fiastra**, dazu das klassizistische **Sferisterio** in Macerata, eines der bemerkenswertesten Bauwerke seiner Art, in dem heute Theater- und Opernaufführungen stattfinden. Und in **Recanati** kann man sich mit zwei bedeutenden Vertretern italienischer Kunst vertraut machen, die hier zu Lande nahezu unbekannt sind, dem romantischen Dichter Giacomo Leopardi und dem Renaissancemaler Lorenzo Lotto.

CIVITANOVA MARCHE
■ F 8, S. 117

38 000 Einwohner

Bekannt als Fischereihafen und Zentrum der Schuhindustrie, hat Civitanova Marche sich in den letzten Jahren auch als Badeort einen Namen gemacht mit zwei breiten Stränden nördlich und südlich vom großen Hafen und einer reichen Palette von Hotels und Campingplätzen. Stadtleben gibt es um die große Piazza XX Settembre mit ihren öffentlichen Gartenanlagen. Das weiter im Landesinneren liegende **Civitanova Alta** ist teilweise noch von der alten Stadtmauer umgeben und besitzt neben schönen Palästen und Kirchen ein ausgezeichnetes Museum für Moderne Kunst (Juni–Sept. Fr und So 17–20 Uhr, Sa 10–13 und 17–20 Uhr, Okt.–Mai Fr und So 16–19 Uhr, Sa 10–13 und 16–19 Uhr, Tel. 07 33 82 22 89).

Hotels/andere Unterkünfte

Miramare
Überzeugend an diesem Haus ist seine Lage in einem schönen Garten, der an den öffentlichen Park angrenzt. Zum Strand sind es etwa 100 m.

Viale Matteotti, 1; Tel. 07 33 81 15 11, Fax 07 33 81 06 37; E-Mail: info@miramarecivitanova.it, Internet: www.miramarecivitanova.it; 77 Zimmer ★ ★ ★ AmEx DINERS EURO VISA

Pamir
Moderner Bau am Lungomare, Terrasse mit Blick aufs Meer.
Via Santorre di Santa Rosa, 17;
Tel. 07 33 81 68 16, Fax 07 33 81 68 17;
E-Mail: info@hotelpamir.com;
Internet: www.hotelpamir.com;
26 Zimmer ★ ★ AmEx DINERS EURO VISA

Service

Auskunft
APT
Via IV Novembre, 20, 62012 Civitanova Marche (MC); Tel. 07 33 81 39 67,
Fax 07 33 81 50 27

Ziele in der Umgebung

Santa Maria a Piè di Chienti ■ F 8, S. 117

Ca. 7 km auf der SS485 landeinwärts in **Borgo Stazione di Montecosaro** befindet sich ein weiteres Juwel romanischer Baukunst. Die dreischiffige Kirche aus dem 10. Jh. besteht im vorderen Teil aus zwei Stockwerken. Die obere Apsis ist mit Fresken aus dem 14. Jh. geschmückt; das Licht, das von außen durch dünne Marmorplatten dringt, erhellt den schlichten Raum nur sparsam und erweckt den Eindruck äußerster Konzentration.

Giardino Buonaccorsi ■ F 8, S. 117

Von Porto Potenza Picena im Norden ein paar Kilometer landeinwärts erreicht man die wunderschöne Gartenanlage der **Villa Buonaccorsi** all' italiana aus dem 18. Jh. mit Wasser-

spielen, lauschigen Nischen, kleinen, von niedrigen Buchsbaumhecken gesäumten Wegen und vielen Statuen. Die elegante Backsteinvilla ist für die Öffentlichkeit leider nicht zugänglich.

MACERATA ■ D 8, S. 117

43 000 Einwohner
Stadtplan → S. 65

Erst seit hier **Opernfestspiele** stattfinden, hat es Macerata auch außerhalb Italiens zu einiger Berühmtheit gebracht. Auf antiken Ursprüngen etwa in der zweiten Hälfte des 10. Jh. aus der Zusammenlegung zweier Gemeinden entstanden, wechselten in der Folgezeit ständig die Herrscher. Dabei wurde viel zerstört, und nur wenig blieb aus dieser Epoche noch gut erhalten, so etwa die Befesti-

❶ MERIAN-Tipp

Osteria dei Fiori Kleines atmosphärisches Lokal in **Macerata** auf halber Höhe zwischen Sferisterio und Piazza della Libertà. Es besteht nur aus einem Raum, im Sommer gibt es auch ein paar Tische im Freien. Gekocht wird nach Rezepten des Antonio Nebbia, berühmter Koch im 18./19. Jh. Besonderen Wert legt man auf traditionelle Spezialitäten des Hinterlands, etwa **ciauscolo** (eine weiche Salami aus Fabriano), **gnocchi alla lepre** oder in Kräutern geschmorte Schnecken. Vorzügliche Weinkarte, auf der auch Weine kleiner Erzeuger stehen. Via Lauro Rossi, 61; Tel 07 33 26 01 42; im Winter So geschl. ★ ★ AmEx DINERS EURO VISA ■ c 2

gungsmauern aus dem 14. Jh. Mit der Mitte des 15. Jh. beginnenden Herrschaft des Kirchenstaates stieg Macerata zur Hauptstadt der papstlichen Mark auf. Die Bautätigkeit kam jedoch erst im 17. und 18. Jh. in Schwung, und so ist das Gesicht dieser Stadt vom Barock und Klassizismus geprägt. Bereits 1290 war ein »Studium Legum« entstanden, die Voraussetzung für die Universität. Sie zieht viele Studenten an, die mit etlichen Veranstaltungen frischen Wind ins kulturelle Klima bringen.

Das Herz Maceratas ist die **Piazza della Libertà**, von hier aus gehen die Straßen in alle Richtungen. Hier und am **Corso Matteotti** stehen die schönsten Stadtpaläste, die elegante zweistöckige **Loggia dei Mercanti** (1504/5), die **Torre Civica** (15. Jh.), der **Uhrturm** mit dem großen Zifferblatt, das **Teatro Lauro Rossi** (1767 nach Entwürfen von Antonio Bibiena) und die **Universität** mit ihrem Säuleneingang. Wie überall in der Stadt geben die Rosa- und Ockerfarben der unverputzten Gebäude den Ton an und tauchen die Plätze und Straßen vor allem in den Abendstunden in ein warmes, erdiges Licht.

Hotels/andere Unterkünfte

Arena ■ d 2
Ein paar Schritte vom Sferisterio gelegene Pension, einfach, aber gut ausgestattet.
Vicolo Sferisterio, 16; Tel. 07 33 23 09 31, Fax 07 33 23 60 59; 15 Zimmer ★ ★ AmEx DINERS EURO VISA

Claudiani M ■ c 1
Im ehemaligen Stadtpalast der Familie Claudiani untergebracht, ist dieses elegant möblierte Hotel die erste Adresse am Platz. Besonders hervorzuheben ist das Frühstücksbuffet, das in den Sommermonaten auf einer reizenden kleinen Piazza serviert wird.

Via Ulissi, 8; Tel. 07 33 26 14 00, Fax 07 33 26 13 80; 38 Zimmer; E-Mail: info@hotelclaudiani.it; Internet: www.hotelclaudiani.it ★ ★ ★
AmEx DINERS EURO VISA

Lauri ■ b 1
Kürzlich renoviertes hübsches Palais in der Altstadt. Komfortable Ausstattung.
Via T. Lauri, 6; Tel. und Fax 07 33 23 23 76; E-Mail: info@hotellauri.it; Internet: www.hotellauri.it; 14 Zimmer ★ ★

Sehenswertes

Madonna della Misericordia ■ d 1
Die ursprüngliche Kapelle aus dem 15. Jh. umgab Luigi Vanvitelli in der ersten Hälfte des 18. Jh. mit einem neuen architektonischen Mantel. Der einschiffige Innenraum, den ein Wandelgang umläuft, ist mit Stuck, Marmor und Gemälden ausgeschmückt. Im Altarraum befinden sich zwei große Fresken von Sebastiano Conca; das Bild der Barmherzigen Maria aus dem 15. Jh. ist mit einer reich verzierten Ikonostase vom übrigen Raum getrennt. Auch einen Blick wert ist der im 18. Jh. vollständig umgestaltete Dom direkt daneben.
Piazza San Vincenzo M. Strambi; tgl. 7–12 und 15.30–20.30 Uhr

Sferisterio ■ d 2
Zu Beginn des 19. Jh. stifteten 100 wohlhabende Bürger von Macerata für ihre Stadt einen Austragungsort für das populäre Ballspiel »Bracciale«, ein mitreißender Wettkampf, der noch aus der Renaissance stammt. So entstand nach Entwürfen von Ireneo Aleandri das größte Sportstadion seiner Zeit für mehr als 7000 Zuschauer. Der klassizistische Arkadenbau des Sferisterio (lat. spheristerium = Ballspielplatz) fügt sich von außen mit seiner schön gewölbten Fassade aus Ziegelsteinen harmonisch in den Stadtwall ein. Das Innere ist ein ma-

jestätischer Halbkreis mit einem zweistöckigen Logenaufbau, der von Säulen im dorischen Stil getragen wird. Heute wird die Arena vor allem für Theater- und Opernaufführungen genutzt. Ihre Ausmaße (90 x 36 m) sind für eine Musiktheaterbühne zwar nicht gerade ideal, dafür ist die Akustik hervorragend. Im Juli/August findet hier alljährlich das berühmte **Macerata Opera Festival** statt.

Piazza Nazario Sauro; tgl. 10.30–13 und 17–20 Uhr; an Feiertagen Vorbestellung unter Tel. 07 33 23 07 35,
Fax 07 33 26 14 99; Informationen zum Macerata Opera Festival im Internet unter www.macerataopera.org

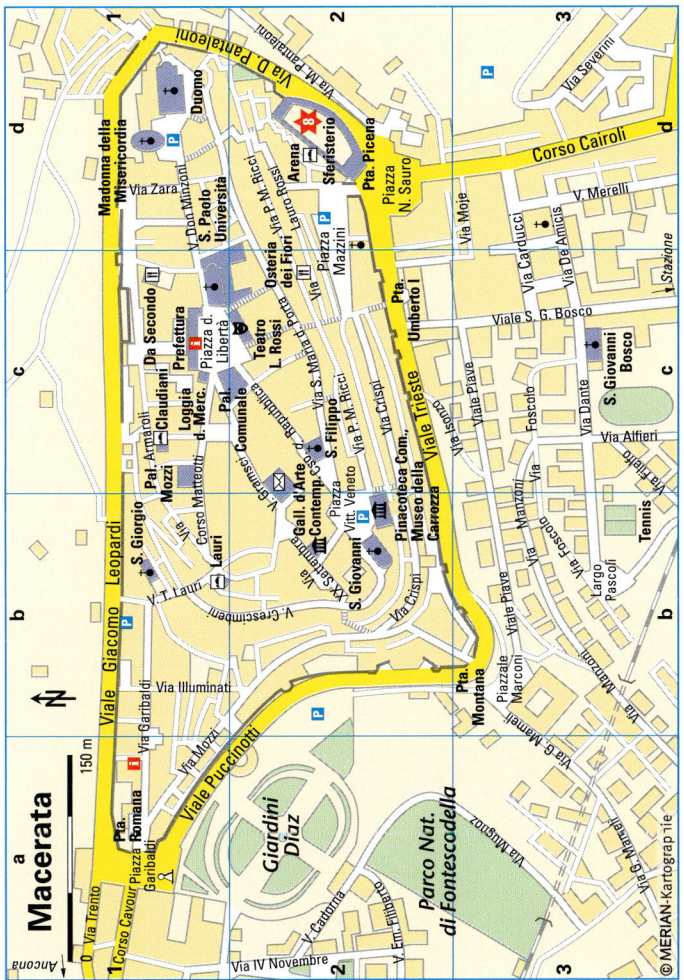

Museen

Galleria d'Arte Contemporanea ■ b 2
Die Galerie im Palazzo Ricci Petrocchini beherbergt eine Sammlung mit mehr als 170 Bildern und Skulpturen der wichtigsten Künstler der Moderne in Italien, darunter Werke von Carrà, de Chirico, de Pisis, Fontana, Morandi, Manzù und Pomodoro.
Via D. Ricci, 1; Di und Do 16–18 Uhr, Sa 10–12 Uhr; Eintritt frei

Museo della Carrozza 👫 ■ b 2
Eine beispielhafte Sammlung von Kutschen verschiedenster Epochen.
Piazza Vittorio Veneto, 2; Di–Sa 9–13 und 17–19.30, So 9–13 Uhr; Eintritt frei

Pinacoteca Comunale ■ b 2
Gemäldesammlung flämischer, neapolitanischer und venezianischer Maler, darunter eine »Madonna mit Kind« von Carlo Crivelli.
Piazza Vittorio Veneto, 2; Di–Sa 9–13 und 17–19.30, So 9–13 Uhr; Eintritt frei

Essen und Trinken

Da Secondo M ■ c 1
Dank der Familie Moretti wird das beliebteste Restaurant der Stadt seinem kulinarischen Ruhm in jeder Hinsicht gerecht. Viele Originalgerichte aus der Gegend von Macerata.
Via Peschiera Vecchia, 26; Tel. 07 33 26 09 12; Mo und im Juli geschl. ★ ★ DINERS EURO VISA

Einkaufen

Alimentari Ortenzi Giovanni M ■ a 1
Die beste Adresse für marchigianische Wurstwaren.
Corso Cavour, 6

La Tela ■ d 1
Handtücher, Tischdecken, Wandteppiche, handgewebt nach alten Vorlagen.
Vicolo Vecchio, 6

Marangoni cioccolato westlich ■ a 1
Pralinen, **torroni** und Schokoladeneier aus eigener Herstellung.
Via Trento, 88

Service

Auskunft
IAT ■ c 1
Piazza della Libertà, 12, 62100 Macerata (MC); Tel. 07 33 23 48 07,
Fax 07 33 23 44 87;
E-Mail: iat.macerata@regione.marche.it

Ziel in der Umgebung

San Claudio al Chienti
■ E 8, S. 117

Über die SS485 gelangt man nach 9 km über eine schöne Pinienallee zu einem der ungewöhnlichsten romanischen Bauwerke (12. Jh.). Es besteht nämlich aus zwei übereinanderliegenden Kirchen mit vollkommen identischen, quadratischen Grundrissen. So wirkt der Komplex aus ockerfarbenem Ziegel mit den beiden Rundtürmen und den fünf Apsiden massiv und wehrhaft. Die Innenräume, die man über zwei getrennte Portale erreicht, sind durch vier starke Mittelpfeiler in drei Schiffe unterteilt. In der unteren Apsis existieren noch zwei Fresken aus dem 15. Jh., die San Claudio und San Rocco darstellen.
San Claudio al Chienti

MONTE SAN GIUSTO
■ D 13, S. 121

7100 Einwohner

Auf dem Weg von Macerata zum Meer sollte man von der SS485 unbedingt rechts nach Monte San Giusto abbiegen. In der Kirche **Santa Maria in Telusiano** ist ein Meisterwerk Lorenzo Lottos zu bewundern, eine Kreuzigung aus dem Jahre 1531. Dass die-

Oben: Der Dichter Giacomo Leopardi prägte mit seinen melancholischen Versen eine ganze Geistesrichtung (→ S. 68).

Mitte: Unbekannt blieb der Meister, der die Nikolauskapelle in Tolentino mit farbenglühenden Fresken ausmalte (→ S. 69).

Unten: Das gut erhaltene Amphitheater von Urbs Salvia wird im Sommer für Aufführungen antiker Dramen genutzt (→ S. 71).

ser außergewöhnliche Maler heute noch kaum bekannt ist, hat vielleicht auch mit seinem unsteten Leben zu tun. Um 1480 in Venedig geboren, arbeitete er an verschiedenen Orten, so auch in den Marken. Was seine Bilder so unverwechselbar macht, ist die oft eigenwillige Farbwahl, eine ungewöhnliche Lichtführung, die dramatische Auffassung und die psychologische Sicht. In seinen letzten Jahren zog er sich ins Kloster von Loreto zurück, und als er 1556 dort starb, hinterließ er noch acht großartige Bilder (→ S. 50). Sich heute auf seinen Spuren durch die Marken zu begeben ist die Reise auf jeden Fall wert.

RECANATI   ■ E 7, S. 117

19 500 Einwohner

Außerhalb kennt ihn fast niemand, aber in Italien kann jedes Schulkind seine Gedichte rezitieren. Am 29. Juni 1798 wurde er als Spross einer Grafenfamilie in Recanati geboren. Die Rede ist von **Giacomo Leopardi**, dem Dichter des Weltschmerzes, der mit seinem Pessimismus eine ganze Geistesrichtung bestimmen sollte. Die Stadt ehrt ihren großen Sohn mit einer Straße, einem Platz, einem Denkmal, einem Museum und der Wertschätzung seiner Verse, die über die ganze Stadt verteilt auf Tafeln verewigt sind. In Wirklichkeit hat Leopardi die Enge seiner Vaterstadt gehasst, aber woanders zu leben gelang ihm erst in seinen letzten Jahren. Viel scheint sich seit der Zeit Leopardis nicht getan zu haben, dennoch lohnt sich ein Besuch, denn hier haben neben dem großen Dichter zwei weitere außergewöhnliche Künstler ihre Spuren hinterlassen: der weltberühmte Tenor Beniamino Gigli und Lorenzo Lotto, der ausdrucksstarke Maler der Hochrenaissance.

Museen

Biblioteca e Casa Leopardi
Das Geburtshaus des Dichters, in dem er den größten Teil seines Lebens verbrachte, wird noch heute von der Familie Leopardi bewohnt. Es beherbergt die umfangreiche Bibliothek von Monaldo Leopardi. Neben alten Büchern und Handschriften werden auch Notizen und Jugendwerke von Giacomo aufbewahrt.
Via Leopardi, 14; Führungen Juni–Sept. tgl. 9–18 Uhr, Okt.–Mai 9.30–12.30 und 14.30–17.30 Uhr; Eintritt 4 €

Museo di Villa Colloredo Mels
Die Gemäldesammlung bewahrt ein paar Hauptwerke Lorenzo Lottos, darunter die »Verkündigung« mit einem vor Energie berstenden Engel, zwei Tafeln mit der »Verklärung« und »San Giacomo Pellegrino«, ein Polyptychon aus dem Jahre 1508, sowie die »Madonna mit Heiligen«. Ein Fresko mit dem hl. Vincenzo Ferreri befindet sich in der nahen Kirche San Domenico.
Villa Colloredo Mels, Via Gregorio XII; Di–Fr 9–12 und 15–19, Sa und So 9–13 und 15–20, im Juli und Aug. bis 23 Uhr; Eintritt 4,70 €

Einkaufen

Pipe Moretti M
Berühmtes Atelier für handgeschnitzte Pfeifen.
Vicolo dell'Olmo, 4

Am Abend

Zum Tanzen fährt man nach **Porto Recanati**, dem beliebten Badeort an der Küste.

Green Leaves
Elegante Diskothek mit Musik für jeden Geschmack.
Via Salvo d'Acquisto, Porto Recanati

Lola
Südamerikanische Rhythmen, die das Lokal zu einem der beliebtesten der Gegend machen.
Viale Scarfiotti, 47, Porto Recanati

Service

Auskunft
Ufficio Informazione
Piazza Leopardi, 31, 62019 Recanati (MC); Tel. und Fax 0 71 98 14 71; E-Mail: iat.recanati@regione.marche.it

TOLENTINO ■ B 13, S. 120

19 000 Einwohner

Berühmt ist Tolentino in erster Linie wegen des wundertätigen Nikolaus von Tolentino und der ihm zu Ehren erbauten Wallfahrtskirche. San Nicola (1245–1305) wurde schon zu seinen Lebzeiten als Heiliger verehrt, denn er war ein guter Prediger und Seelsorger, vor allem aber vollbrachte er zahlreiche Wunder, die auch heute noch Pilger aus aller Welt anziehen. Mit dem Namen der Stadt sind außerdem zwei geschichtliche Ereignisse verbunden: der so genannte Frieden von Tolentino, den 1797 Napoleon Papst Pius VI. zu unterzeichnen zwang, und die Schlacht von Tolentino, die Gioacchino Murat, König von Neapel, 1815 mit den Truppen Napoleons gegen die Österreicher verlor. Jedes Jahr im Mai wird diese Schlacht nachgestellt, ein farbenfrohes Spektakel mit Hunderten von Statisten. Und noch ein weiteres Ereignis organisiert diese geschäftige Stadt: das **Internationale Festival des Humors in der Kunst**.

Hotels/andere Unterkünfte

Hotel 77
Moderner Bau außerhalb des historischen Zentrums, Garten, guter Komfort, angenehmes Restaurant.

❶ MERIAN-Tipp

Biennale des Humors in der Kunst 👫 Das Festival mit humoristischen Gemälden und Zeichnungen findet, entsprechend querdenkerisch, in den ungeraden Jahren zwischen Juli und November statt und zieht Künstler/innen aus aller Welt an. Vieles bleibt **Tolentino** auch nach Ende der Biennale erhalten, denn die meisten Teilnehmer überlassen ihre Werke dem **Museo della Caricatura dell'Umorismo nell'Arte**. Mittlerweile haben sich mehr als 3000 Karikaturen aus den verschiedensten Ländern und Zeiten angesammelt. Palazzo Sangallo, Via della Pace, 3; Di–Fr 16–19, Sa und So 9.30–12.30 und 16–19 Uhr; Eintritt 1,60 €
■ B 13, S. 120

Viale B. Buozzi, 90; Tel. 07 33 96 74 00, Fax 07 33 96 01 47; E-Mail: info@hotel-77.com, Internet: www.hotel77.com; 50 Zimmer ★★ bis ★★★ AmEx DINERS EURO VISA

Terme di Santa Lucia
Ca. 3 km außerhalb von Tolentino in einem wunderschönen Park gelegenes Thermalbad. Mineral-, Schwefel- und Jodquellen. Neuerdings auch Beauty-Farm. Nur für Kurgäste.
Contrada S. Lucia; Tel. 07 33 96 82 27, Fax 07 33 95 80 42; 11. Dez.–1. April geschl.

Sehenswertes

Basilica San Nicola
Angesichts der glanzvollen Basilika mit dem spätgotischen, reich dekorierten Portal von Nanni di Bartolo (1435) kann man die ursprünglich kleine Kirche aus dem 13. Jh. kaum mehr erahnen, in der San Nicola

30 Jahre bis zu seinem Tod wirkte. Sie wurde im 14. Jh. erheblich erweitert und auch in den folgenden Jahrhunderten immer wieder vergrößert. Der prächtige barocke Innenraum wird gekrönt von einer Kassettendecke mit 21 fast vollplastischen Figuren des Holzschnitzers Filippo da Firenze (1628). In der ersten Seitenkapelle rechts hängt das Tafelbild der hl. Anna von Guercino, in der vierten eine Madonna della Pace von Giuseppe Lucatelli.

Der Freskenzyklus im **Cappellone di San Nicola** gehört zu den schönsten seiner Zeit und gilt dem Franziskuszyklus in Assisi als ebenbürtig. Dargestellt sind das Leben und die Wundertaten des hl. Nikolaus von Tolentino und Geschichten aus dem Neuen Testament, geschaffen wurden sie von einem Maler, den man den Meister von Tolentino nennt und der bis heute namenlos geblieben ist. Vom Cappellone tritt man in einen weitläufigen Kreuzgang aus dem 13. bis 14. Jh., der ebenfalls teilweise mit Fresken ausgeschmückt ist.
Piazza S. Nicola; tgl. 7–12 und 15.30–19.30 Uhr

Cattedrale San Catervo

Die Ursprünge des Doms gehen auf das frühe Mittelalter zurück, erweitert wurde er im 12. Jh.; aus dieser Zeit ist nur noch der Glockenturm übrig, denn um 1830 erhielt die Kirche ihre jetzige klassizistische Fassade. Erhalten sind noch die Reste eines Mausoleums aus römischer Zeit. Hier ist der mächtige, mit Reliefs geschmückte Sarkophag (4. Jh.) des hl. Flavio Giulio Catervo, seiner Frau und seines Sohns aufgebahrt. Jüngst wurde auch ein Fresko mit dem Motiv der »Klugen Jungfrauen« aus dem 9. oder 10. Jh. entdeckt. Rechts vom Presbyterium befindet sich die Kapelle des San Catervo mit Fresken von Francesco da Tolentino.
Corso Garibaldi

Palazzo Bezzi Parisani

Das Gebäude ist auch als Palazzo della Pace bekannt, denn hier wurde 1797 der Friedensvertrag von Tolentino zwischen Napoleon und Papst Pius VI. unterzeichnet. Die Räume, in denen Napoleon damals residierte und die Abgesandten des Papstes empfing, sind heute Museum und auf Anfrage zu besichtigen: Anmeldung unter Tel. 07 33 96 97 97.
Via G. Bezzi

Teatro Vaccai

Das dreistöckige Logentheater aus dem Jahr 1797 (1881 restauriert) wurde von Lucatelli entworfen und prunkvoll ausgemalt.
Piazza Vaccai

Torre dei Tre Orologi

Der Uhrenturm auf dem schönen Hauptplatz der Stadt stammt aus dem 16. Jh., wurde jedoch 1822 von Antonio Podrini erheblich umgestaltet. Er trägt vier Zifferblätter, die verschiedene Zeitmessungen repräsentieren. Am originellsten ist die Mondphasenuhr.
Piazza della Libertà

Essen und Trinken

Bar Zazzaretta

Beliebter Treffpunkt auf dem Hauptplatz der Stadt.
Piazza della Libertà

La Mimosa

Patisserie mit köstlichen Spezialitäten der Gegend.
Viale Vittorio Veneto, 69

Service

Auskunft
IAT
Piazza della Libertà, 62029 Tolentino (MC); Tel. und Fax 07 33 97 29 37; E-Mail: prolocotolentino@sinp.net

Ziel in der Umgebung

Castello della Rancia 👭
■ C 13, S. 120

Von Osten kommend, erblickt man
6,5 km vor Tolentino die Schwalben-
schwanz-Zinnen des Castello della
Rancia. Der massige viereckige Bau
wurde im 12. Jh. als Getreidespeicher
von Benediktinermönchen errichtet
und 1357 für die herrschende Familie
Da Varano zur Burg umgebaut. Das
Schloss wurde vor kurzem renoviert
und ist nun für Besucher geöffnet.
Contrada La Rancia; Mitte März–Mitte Okt.
Di–So 10–12.30 und 15–18.30 Uhr, Mitte
Okt.–Mitte März nur So und an Feiertagen
10–12.30 und 15–17.30 Uhr; Eintritt 2,60 €

URBISAGLIA ■ C 13, S. 120

2600 Einwohner

Urbisaglia mit seiner intakten Renais-
sancefestung liegt hoch über dem
Fiastra-Tal. Die ursprüngliche Siedlung, das im 1. Jh. v. Chr. im Tal ange-
legte **Urbs Salvia**, fiel dem Gotenkö-
nig Alarich 410 zum Opfer. Die Anlage
mit den Überresten der römischen
Siedlung gehört heute zu den wichtigsten archäologischen Stätten in den
Marken. Zu besichtigen sind das sehr
gut erhaltene, von Eichen beschattete
Amphitheater aus dem 2. Jh. n. Chr.,
antike Mauerreste, zwei Tempel und
ein Portikus. Oberhalb am Hang sieht
man noch die Reste des Theaters der
antiken Stadt, eine fast völlig intakte
Anlage aus dem 1. Jh. n. Chr. (Führungen Juni–Sept. tgl. 10–12.30 und
16–19.30 Uhr, Okt.–Mai Sa, So und
an Feiertagen 10–12.30 und
14.30–16.30 Uhr; Eintritt 7,75 €).
Weitere Fundstücke aus dem römischen Urbs Salvia werden im **Museo
Archeologico Statale** aufbewahrt
(Traversa Piccinini; tgl. 9–13.30 Uhr;
Eintritt frei).

Ziele in der Umgebung

Abbadia di Chiaravalle di Fiastra
■ C 13, S. 120

Nur 2 km nordöstlich von Urbisaglia
liegt das zweite der in den Marken
gegründeten Zisterzienserkloster
(→ S. 47). Als die Mönche Mitte des
12. Jh. hier zu roden begannen, war
das Land noch unfruchtbares Sumpf-
gebiet. Heute liegt die Abtei in einem
herrlichen Naturschutzgebiet und
stellt ein wunderschönes Beispiel zis-
terziensischer Architektur dar. Das
imponierende dreischiffige Innere mit
acht Jochen wird von Säulen getragen, deren Kapitelle aus Steinen der
Ruinen von **Urbs Salvia** stammen. Im
Altarraum und in einigen Kapellen
haben sich Fresken aus der Schule
von Camerino erhalten. Vom ehemaligen Kloster sind nur noch Kapitelsaal und Refektorium geblieben; man
erreicht sie über den schönen Re-
naissancekreuzgang. In einem Teil
des Gebäudes ist das archäologische
Museum mit weiteren Funden aus
der nahen Urbs Salvia untergebracht.
Kloster: Anf. Juli–Mitte Sept. tgl. 10–12.30
und 15–18.30 Uhr; Mitte Sept.–Ende Juni
nur So und an Feiertagen 10–12.30 und
15–17.30 Uhr; Eintritt 2,60 €

Riserva Naturale Abbadia di Fiastra 👭
■ C 13, S. 120

Der Naturschutzpark ist ein ca. 1800
ha großes, idyllisches Wandergebiet
und Habitat für zahlreiche seltene
Tiere und Pflanzenarten. Eine Besonderheit sind Naturführungen für Menschen mit schlechtem Sehvermögen.
Società La Meridiana, Abbadia di Fiastra,
2, 62010 Urbisaglia (MC); Tel. 07 33 20 29
42, Fax 07 33 20 50 42; E-Mail: meridia-
na.mc@tiscalinet.it

Romanische Bauwerke, Geschlechtertürme und einer der schönsten Plätze Italiens in Ascoli Piceno, an der Küste lange Sandstrände, Palmen und mediterranes Flair.

Kilometerlange Sandstrände, gesäumt von Oleander und Palmen, die langfingrige Schatten auf die Promenade malen, mediterrane Temperaturen zwischen durchschnittlich sechs und 26 Grad, so präsentiert sich die Küste in den südlichen Marken. Was dem heutigen Urlauber Wonne schlechthin ist, bedeutete für den Bewohner früherer Zeiten hauptsächlich Bedrohung. Vom Meer kamen die Piraten, die raubend und mordend bis weit ins Landesinnere vordrangen. Die mit Mauern und Türmen befestigten Städte und Dörfer auf den Hügelkuppen, hinter die sich die Menschen damals zum Schutz zurückzogen, wurden von den modernen Küstenstädten allmählich aufgesogen und sind heute meist nur noch schöne Staffage.

Ascoli Piceno hingegen, 30 km vom Meer entfernt, konnte sich trotz seiner vermeintlich ungünstigen Lage im Tal durch die Jahrhunderte und eine turbulente Geschichte hindurch als erste Stadt der Region behaupten. Früh schon hatte sie Seeleute und Händler aus Kleinasien und von der Dalmatinischen Küste angezogen; nach der Eroberung durch die Römer (286 v. Chr.) und dem Bau der Via Salaria, die Ascoli mit Rom verband, wurde sie zu einem bedeutenden Handelszentrum und bewahrte sich dieses Privileg bis ins 16. Jh. Erhalten hat sich aus dieser Zeit eine architektonisch intakte Kulisse, die die Stadt zu einer der schönsten von ganz Mittelitalien macht.

ASCOLI PICENO
■ D 15, S. 121

54 000 Einwohner
Stadtplan → S. 73

Wie schon der Name sagt, war Ascoli der Sitz der Picener. Sie siedelten auf dem Plateau, das strategisch günstig zwischen den tief eingeschnittenen Tälern der Flüsse Tronto und Castellano lag, und zogen schon zu ihrer Zeit ein buntes Völkergemisch an, dessen kulturelle Einflüsse sich auch heute noch in Architektur und Brauchtum bemerkbar machen. Die Römer, die 286 v. Chr. die Siedlung eroberten, gaben dem Stadtbild Ascolis jedoch jenen Zuschnitt, der der Stadt ihre besondere Schönheit bewahrt hat.

Trotz Zerstörung durch Kriege und kleinere Erdbeben sind nirgendwo in den Marken so viele romanische Bauwerke erhalten geblieben wie hier. Dominierend im Stadtbild sind die warmen Farben des Travertin, die Geschlechtertürme, von denen es ursprünglich wohl um die 200 gab, die vielen Kirchen, die eleganten Renaissancepaläste – kurzum, ein Reichtum an Kultur und Tradition, dessen sich Ascoli wohl bewusst ist. Allerdings beginnt man hier erst damit, diesen Reichtum auch den Touristen zugänglich zu machen. In den Sommermonaten finden jedenfalls zahlreiche Konzerte, Theater- und Filmvorführungen statt und am ersten Sonntag im August das bekannte **Torneo**

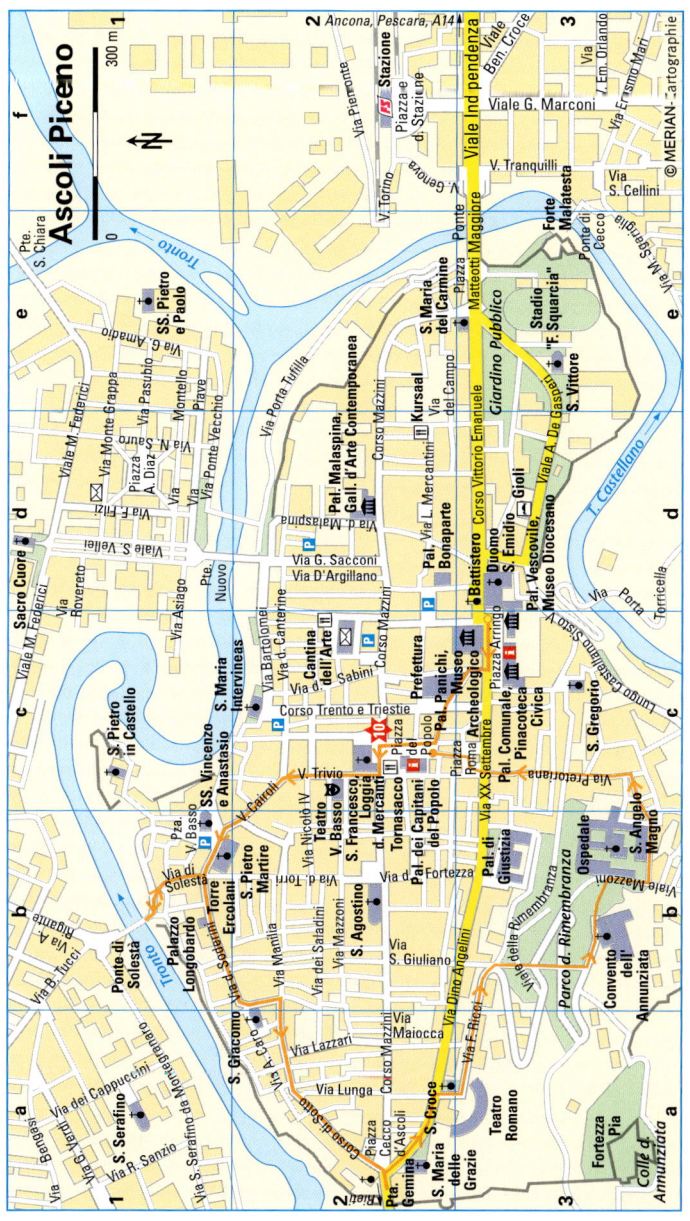

Ascoli Piceno

300 m

Ancona, Pescara, A14

cavalleresco della Quintana 👥, ein farbenfrohes, historisches Stadtfest mit Umzügen in traditionellen Kostümen und einem Reiterturnier der Stadtteile.

Spaziergang

Ausgangspunkt unseres Spaziergangs ist die **Piazza Arringo** mit dem Dom von Ascoli. Nur wenige Schritte in nördlicher Richtung liegt die **Piazza del Popolo**, einer der stimmungsvollsten Plätze Italiens und der »Salon« der Stadt. Nach Besichtigung der Kirche **San Francesco** an der Nordseite führen die Via Trivio und die Via Cairoli zur Piazza Ventidio Basso mit der romanischen Kirche **Santi Vincenzo e Anastasio**, weiter die Via di Solestà hinunter zur gleichnamigen Porta und der römischen Brücke. Steigt man die Via dei Soderini wieder hinauf, kommt man zur **Torre Ercolani**, dem besterhaltenen Geschlechterturm der Stadt, und zum **Palazzo Longobardo**. Der Corso di Sotto führt zur Piazza Cecco d'Ascoli und zur **Porta Gemina**, ein weiteres Stadttor aus römischer Zeit. Über die Via D. Angelini und die Via F. Ricci (am Fuße der Straße liegt rechter Hand das Areal des ehemaligen römischen Theaters) kann man zum **Kloster dell'Annunziata**, das in schöner Panoramaposition liegt, hinaufsteigen. Zurück kommt man über die Via Pretoriana, überquert die Piazza Roma und ist nach ein paar Schritten wieder auf der Piazza del Popolo. Nun hat man sich einen Espresso und ein Gläschen Anisetta im berühmten **Jugendstilcafé Meletti** verdient.

Hotels/andere Unterkünfte

Gioli ■ d 3
Modernes, gut geführtes Hotel, übrigens das einzige im centro storico.
Viale De Gasperi, 14; Tel. 07 36 25 55 50, Fax 07 36 25 21 45; 56 Zimmer ⭐ ⭐ ⭐
AmEx DINERS EURO VISA

Pennile südöstlich ■ f 3
Sehr ruhig in einem Pinienhain gelegen, allerdings etwas außerhalb. Helle, ein wenig anonyme Zimmer. Ein Restaurant ist gleich gegenüber.
Via G. Spalvieri, 13; Tel. 0 73 64 16 45, Fax 07 36 34 27 55; E-Mail: hotelpennile @tin.it; Internet: www.hotelpennile.com; 33 Zimmer ⭐ ⭐ ⭐ AmEx DINERS EURO VISA

Sehenswertes

Duomo Sant'Emidio ■ d 3
Der dem Stadtpatron von Ascoli geweihte Dom aus dem 5. oder 6. Jh. ist in seiner ursprünglichen Form nicht mehr vorhanden. 1472 wurde er völlig restauriert. Unvollendet blieben die Fassade aus dem 16. Jh. und der linke Turm. Das Innere wirkt durch seine düstere Schwerfälligkeit nicht eben anziehend, doch in der Kapelle rechts vom Chor ist ein sehenswertes Meisterwerk des venezianischen Künstlers Carlo Crivelli aufbewahrt: der Flügelaltar »Thronende Madonna mit Kind und Heiligen« aus dem Jahre 1473. Auch der silberne Altarvorsatz ist von hohem künstlerischen Wert.
Piazza Arringo

Piazza Arringo ■ c 3
Zur Zeit der Römer befand sich hier das Forum, das zugleich Zentrum der antiken Stadt war. Im Mittelalter diente der Platz als Versammlungsort für Volksredner, woher sich auch der Name ableitet: »arringa« = Ansprache. Dass er für die Stadt von Bedeutung war, kann man an den Bauwerken ablesen, die ihn schmücken: **Dom, Palazzo Comunale**, in dem die Pinakothek untergebracht ist, **Bischofspalast** und **Palazzo Panichi**, heute Sitz des Archäologischen Museums. Neben dem Dom liegt das Baptisterium, ein auf den Fundamenten eines römischen Tempels errichteter achteckiger Bau.

Oben: Im Jugendstilcafé Meletti ist der Espresso mit einem Gläschen Anisetta Tradition (→ S. 76).

Mitte: Die Piazza del Popolo von Ascoli Piceno erinnert in ihrer Geschlossenheit und Harmonie an den Markusplatz in Venedig (→ S. 76).

Unten: Die Uferpromenade San Benedettos wird gesäumt von mehr als 7000 Palmen, die im milden Klima bestens gedeihen (→ S. 82).

Piazza del Popolo ■ c 2
Dieser herrliche, fast ganz von Arkaden umgebene Platz erinnert stark an den Markusplatz in Venedig, wirkt jedoch durch die unterschiedliche Höhe von Arkaden und Gebäuden weniger statisch. Von früh bis spät trifft man sich hier in den Cafés oder flaniert auf dem geschliffenen Pflaster, das wie das glatte Parkett eines Salons anmutet und am Abend die Lichter widerspiegelt. Die Westseite wird vom eindrucksvollen **Palazzo dei Capitani del Popolo** dominiert, Regierungssitz zu Zeiten, als Ascoli eine freie Kommune war. Der aus dem 13. Jh. stammende Bau wurde wiederholt verändert, zuletzt von Cola dell'Amatrice (Anfang 16. Jh.). Das Monument über dem Renaissanceportal stellt Papst Paul III. dar. An der Nordseite schließt die schön gegliederte Flanke von **San Francesco** den Platz ab. Links davor befindet sich die **Loggia dei Mercanti**, ein hochbogiger Bau aus der Renaissance, der von der Wollweberzunft gestiftet wurde. Das traditionsreiche **Jugendstilcafé Meletti** auf der Westseite erstrahlt nach acht Jahren Restaurierung wieder im reinen Liberty, wie der Jugendstil in Italien genannt wird.

San Francesco ■ c 2
Ein feines Beispiel gotischen Baustils, wie ihn vor allem die Franziskaner entwickelt haben. Mitte des 13. Jh. begonnen, wurde die Kirche allerdings erst drei Jahrhunderte später vollendet mit entsprechenden Modifikationen, zum Beispiel an der Fassade, die nicht mehr die schmucklose Schlichtheit der Seitenfront zur Piazza und des Apsistraktes aufweist. Das dreischiffige Innere ist mit seiner Höhe und den farbigen Fenstern wieder ganz der Gotik verpflichtet. Einige der Glasfenster stammen aus dem 20. Jh. und zeigen moderne Bildinhalte. Öffnet man eine Sei-

tentür, empfängt einen nach der Stille der Kirche Geschnatter und Geschrei: Im ehemaligen Kreuzgang von San Francesco sind zwischen den Arkaden Stände mit Blumen, Gemüse und Geflügel aufgebaut, denn hier findet täglich der Markt statt.
Piazza del Popolo

Santi Vincenzo e Anastasio ■ b 1
Die schöne romanische Kirche an der Piazza Ventidio Basso trägt eine auffällige Fassade aus 64 Kassettenfeldern, die ursprünglich jeweils mit einem kleinen Fresko geschmückt waren. Das Portal stammt aus dem frühen 14. Jh., das Innere aus hellen Steinquadern ist reinste Romanik.
Piazza V. Basso

Museen

Galleria d'Arte Contemporanea ■ d 2
Die Sammlung gibt einen guten Überblick über die Kunst des 20. Jh. in Italien; ausgestellt sind Gemälde und vor allem grafische Arbeiten von Künstlern wie de Chirico, de Pisis, Fontana, Morandi oder Manzù. Untergebracht ist die Galerie im **Palazzo Malaspina**, einem Renaissancebau mit einer Loggia, deren Säulen wie Baumstämme geformt sind.
Corso Mazzini, 224; Di–So 9–13 und 16–19 Uhr; Mo, nach Feiertagen sowie 1. Jan., Ostern, 25. April, 1. Mai, 15. Aug., 1. Nov. und 25. Dez. geschl.; Eintritt 3,10 €

Museo Archeologico Statale ■ c 3
Funde aus alten Siedlungen und Gräbern der picenischen Kultur, aus der römischen Kaiserzeit und dem Hochmittelalter.
Palazzo Panichi, Piazza Arringo; tgl. 8.30–19.30 Uhr; Eintritt 2,10 €

Pinacoteca Civica ■ c 3
Die Sammlung vereinigt Künstler der Marken und solche, die in den Marken gearbeitet haben, darunter Carlo Crivelli, Cola dell'Amatrice, Tiepolo,

Tintoretto, Tizian, dazu aufgrund einer Stiftung auch einige flämische und holländische Künstler, etwa van Dyck. Palazzo dell'Arengo, Piazza Arringo; Mo–Sa 9–13 und 15–19, So und an Feiertagen 9–12.30 und 15–19 Uhr, im Sommer tgl. 16–19.30 Uhr; Eintritt 3,10 €

Essen und Trinken

Cantina dell'Arte   ■ c 2
Rustikales Lokal in der Nähe des Postamts, lokale Küche, Spezialität ist Gegrilltes vom Holzkohlengrill. Es werden auch einfache Zimmer vermietet.
Rua della Lupa, 5/8; Tel. 07 36 25 11 35; So abend geschl. ★

Kursaal Ⓜ   ■ d 2
Die Trattoria mit angeschlossener Enoteca bietet beste traditionelle Kochkunst. Besonders empfehlenswert: **bollito misto**.
Via Mercantini, 66; Tel. 07 36 25 31 40; So geschl. ★ ★ AmEx DINERS EURO VISA

Tornasacco   ■ c 2
Der große Saal im ersten Stock eines Palazzos an der Piazza del Popolo ist vielleicht nicht jedermanns Sache. Doch das Essen ist gut, etwa das **fritto misto all'ascolana** und die Wurstwaren der Gegend.
Piazza del Popolo, 36; Tel. 07 36 25 41 51; Fr und 1.–15. Aug. geschl. ★ ★
AmEx DINERS EURO VISA

Einkaufen

Gastronomia Enoteca Migliori   ■ c 3
Die beste Adresse für die zarten Oliven aus Ascoli, eingelegt oder frittiert.
Piazza Arringo, 2; Mo geschl.

Liuteria Castelli Ⓜ   ■ D 16, S. 121
Eines der wenigen Geigenbauer-Ateliers, das die seit dem 18. Jh. bestehende renommierte Instrumentenbauschule von Ascoli weiterführt.

Via Lungotronto Bartolomei, 7, Folignano (8 km südlich, Richtung Teramo)

Pietro Paolo Lazzarotti   ■ b 1
Majolika mit üppigen Blumen- und Landschaftsmotiven.
Via dei Soderini, 3; Tel. 07 36 25 49 15

Service

Auskunft
ATAP Centro Turismo   ■ c 3
Palazzo Comunale, Piazza Arringo, 63100 Ascoli Piceno; Tel. 07 36 29 82 04, Fax 07 36 29 82 32; E-Mail: serv.cultura@comune.ap.it

IAT   ■ c 2
Piazza del Popolo, 63100 Ascoli Piceno; Tel. 07 36 25 30 45, Fax 07 36 25 23 91; E-Mail: iat.ascolipiceno@regione.marche.it

Piceno da scoprire   ■ c 2
Organisation von Führungen durch Stadt und Umgebung.
Piazza Simonetti, 34; 63100 Ascoli Piceno; Tel. und Fax 07 36 27 73 31; E-Mail: info@picenodascoprire.it; Internet: www.picenodascoprire.it

CUPRA MARITTIMA
■ F 14, S. 121

4700 Einwohner

Der kleine Badeort, der zur **Riviera delle Palme** gehört, hat sich ein wenig den Fünfziger-Jahre-Charme bewahrt, trotz des modernen Anstrichs. Der 2,5 km lange Sandstrand ist selten überfüllt, und die Campingplätze erfreuen sich eines guten Rufs. Die größten befinden sich nördlich der Stadt.

Hotels/andere Unterkünfte

Camping Terrazzo sul Mare
200 m vom Meer auf Terrassen angelegter, 16 000 qm großer, schattiger Campingplatz mit Bungalowvermie-

tung, Schwimmbad, eigenem Strand und Restaurant.
Via Adriatica Nord; Tel. 07 35 77 78 59,
Fax 07 35 77 71 91 ★ ★

Europa
Strandhotel in relativ ruhiger Lage mit Balkonzimmern, großer Veranda und gut geführtem Restaurant,
Via Gramsci, 8; Tel. und Fax 07 35 77 80 33; E-Mail: europa@supereva.it; 30 Zimmer; im Nov. geschl. ★ ★ AmEx DINERS EUHU VISA

Oasi di Cupra 👫
Freundlicher Familienbetrieb direkt am Meer mit schönem Garten. Angeschlossen ist ein Campingplatz mit Bungalowvermietung.
Lungomare Romita, 70; Tel. und Fax 07 35 77 80 78; 60 Zimmer ★ ★

Museen

Museo Malacologico Piceno 👫
Bedeutende Sammlung von Muscheln, Korallen und Kameen aus aller Welt.
Via Adriatica Nord, 240; im Juni tgl. 16–20.30 Uhr, Juli–Aug. tgl. 16–22.30 Uhr, April–Mai und im Sept. Di, Do, Sa und So 15.30–19 Uhr, Okt.–März Do, Sa und So 15–18.30 Uhr; 22. Dez.–6. Jan. geschl.; Eintritt 6 €

Essen und Trinken

Oasi degli Angeli M
Die Anfahrt in die Hügel lohnt sich, denn auf diesem hübschen Bauernhof findet man nicht nur reizende Gastgeber, sondern auch eine ganz ausgezeichnete lokale Küche. Hochwertiges Weinangebot. Reservierung notwendig. Es werden auch Zimmer vermietet.
Ortsteil Sant'Egidio, 50; Tel. 07 35 77 85 69; Fr und Sa abends, So mittags (im Sommer So nur abends); Mo–Do geschl. ★ ★ AmEx DINERS EURO VISA

Einkaufen

Spinosi M
Für die berühmten, selbst gemachten Nudeln von Vincenzo Spinosi ist der Ausflug nach Campofilone (ca. 10 km nördlich) bestimmt nicht zu weit.
Via XXV Aprile, 23, Campofilone; Mo–Fr 8–12 und 15–19, Sa 8–12 Uhr

Am Abend

Mahè
Super-Disko an der Riviera delle Palme.
Via Belvedere, Pedaso (ca. 8 km nördlich von Cupra Marittima); Tel. 07 34 93 21 34

Service

Auskunft
Municipio
Piazza della Libertà, Cupra Marittima (AP); Tel. 07 35 77 77 31

FERMO ■ E 13, S. 121

35 000 Einwohner

Fermo gehört zu den Städten, die sich den verschiedenen Abschnitten ihrer wechselvollen Geschichte mit Elan anzupassen wussten. Strategischer Knotenpunkt zur Zeit der Römer, bereits 825 im Besitz einer Universität, als Zentrum der Marca Fermana lange unabhängig, dann jahrhundertelang erbittert umkämpft, schließlich Beitritt zum vereinigten Italien 1860. Jede dieser Perioden von Blütezeit und Niedergang hat ihre Spuren hinterlassen, festzumachen an der Fülle schöner Gebäude, Torbögen, Portale und anderer Details, die auf dem Weg durch die Stadt in unablässiger Folge zu entdecken sind.

Heute ist Fermo vor allem bekannt als international führende Produktionsstätte der Schuhindustrie.

Hotels/andere Unterkünfte

Astoria

Der Bau aus den sechziger Jahren entbehrt zwar jeglichen Charmes, doch die Zimmer sind gut ausgestattet, das Restaurant hat einen schönen Blick, und das historische Zentrum ist in Gehnähe.

Viale V. Veneto, 8; Tel. 07 34 22 86 01, Fax 07 34 22 86 02; E-Mail: astorhtl@libero.it; 49 Zimmer; im Mai geschl. ★★

AmEx DINERS EURO VISA

Sehenswertes

Cisterne Epuratorie 👫👭

Nicht weit von der Piazza del Popolo entfernt, befindet sich in der steilen Via degli Aceti der Eingang zu den Cisterne Epuratorie, den römischen Zisternen, einer riesigen unterirdischen Anlage aus der Zeit des Augustus. Sie besteht aus 30 miteinander verbundenen Becken, in denen Regen- und Quellwasser zu Trinkwasser aufbereitet wurde.

Führungen c/o IAT, Piazza del Popolo; 16. Juni–30. Sept. Di–So 10–13 und 15.30–19.30 Uhr, 18. Okt.–15. Juni Di–So 9.30–13 und 15.30–19 Uhr; Eintritt 2,60 €

Duomo Santa Maria Assunta

Fermos Dom, der Madonna Assunta geweiht, liegt am Piazzale del Girfalco, der höchsten Stelle der Stadt. Zwei Bauabschnitte sind erkennbar: Der vordere Teil ist romanisch-gotisch, abzulesen an der aparten, asymmetrischen Fassade mit der fein ziselierten Rosette. Der hintere Teil und der barocke Innenraum stammen aus dem 18. Jh. Ein paar Zeugnisse früherer Zeiten sind jedoch noch erhalten, etwa eine griechisch-byzantinische Ikone oder das frühchristliche Mosaik zwischen den beiden zum Chor hinaufführenden Treppen sowie drei Statuen aus dem 13./14. Jh. und ein mit Basreliefs geschmückter

Sarkophag aus dem 4./5. Jh. in der Krypta. Nach dem Rundgang im Dom sollte man sich Zeit lassen für den schönen Blick auf die Stadt und die weite Landschaft ringsum.

Piazzale del Girfalco

Piazza del Popolo

Mittelpunkt der Stadt von ihren ersten Anfängen an ist dieser schöne Platz. Betritt man ihn, vom Domplatz hinabsteigend, auf seiner Südseite, breitet er sich in seiner ganzen enormen Länge und einem fast rundum geschlossenen Arkadengang vor einem aus. Gegenüber liegt der **Palazzo dei Priori**, an der doppelten Treppe und der Statue von Papst Sixtus V. über dem Loggia-Eingang erkennbar. Links davon der **Palazzo degli Studi**, so genannt, weil er bis 1826 Sitz der Universität war. Heute beherbergt er die städtische Bibliothek mit rund 400 000 Bänden.

San Francesco

Man erkennt sie schon von weitem an der mit starken Pfeilern akzentuierten gotischen Apsis. Das dreischiffige Kircheninnere ist ebenfalls rein gotisch und von hohen runden Säulen unterteilt. In der Taufkirche befindet sich das Grabmal des Despoten Ludovico Euffreducci, geschaffen 1527 von Sansovino.

Piazza Carlo Mora

Museen

Museo Polare Etnografico »Silvio Zavatti« 👫👭

Das einzige Museum seiner Art in Italien mit Objekten von den Entdeckungsreisen des Polarforschers Silvio Zavatti. Untergebracht ist es in der Villa Vitali aus dem 19. Jh., die vor allem wegen ihrer prachtvollen Anlage einen Besuch wert ist. In der »Sala della meteorite« ist ein großer Meteorit zu besichtigen, der am 25. September 1996 auf die Stadt stürzte.

Villa Vitali, Viale Trento; im Sommer Di–So 10–13 und 15.30–19.30 Uhr, im Winter Di–So 9.30–12.30 und 15.30–18.30 Uhr

Pinacoteca Civica

Hier sind vor allem Werke venezianischer und marchigianischer Meister ausgestellt und als Glanzstück der Sammlung die »Anbetung der Hirten«, ein Frühwerk von Rubens.
Palazzo dei Priori, Piazza del Popolo; 16. Juni–30. Sept. Di–So 10–13 und 15.30–19.30 Uhr, 18. Okt.–15. Juni Di–So 9.30–13 und 15.30–19 Uhr; Eintritt 2,60 €

Essen und Trinken

Astoria M

Restaurant im gleichnamigen Hotel mit einer hervorragenden Küche.
Viale V. Veneto, 8; Tel. 07 34 22 86 01 ★★
AmEx DINERS EURO VISA

L'Enoteca Bar a Vino

Das Lokal im französischen Bistrostil hinter der Loggia di San Rocco an der Piazza del Popolo bietet neben vielerlei Snacks aus Wurst und Käse auch einige wohlschmeckende warme Gerichte.
Piazza del Popolo, 39; Tel. 07 34 89 03 52 57; tgl. 12–24 Uhr, im Winter Mo geschl. ★

Am Abend

Teatro dell'Aquila M

Prachtvoll ausgestattetes Theater aus dem Jahre 1780. Decke und Vorhang sind mit mythologischen Szenen von Luigi Cochetti bemalt.
Via Mazzini; Führungen nach Vereinbarung unter Tel. 07 34 28 42 81

Service

Auskunft
IAT
Piazza del Popolo, 6, 63023 Fermo (AP); Tel. 07 34 22 87 38, Fax 07 34 22 83 25; E-Mail: iat.fermo@regione.marche.it

GROTTAMMARE
■ F 14, S. 121

13 500 Einwohner

Die autofreie Palmenpromenade, an der einige wunderschöne Jugendstilvillen stehen, der 5 km lange Sandstrand und der oberhalb liegende mittelalterliche **borgo** verleihen dem hübschen Badeort an der **Riviera delle Palme** einen besonderen Charme. Auf Anfrage ist die Kirche **Santa Lucia** zu besichtigen. Sie wurde zu Ehren von Papst Sixtus V. erbaut, dem berühmtesten Sohn der Stadt.

Hotels/andere Unterkünfte

Parco dei Principi

Moderner Bau inmitten einer gepflegten Gartenanlage, hoher Komfort, Schwimmbad, dafür nur ein schmaler Kiesstrand.
Lungomare De Gasperi, 70; Tel. 07 35 73 50 66, Fax 07 35 73 50 80; E-Mail: htparcodeiprincipi@tiscalinet.it; 50 Zimmer; im Mai geschl. ★★ bis ★★★★ AmEx DINERS EURO VISA

Essen und Trinken

Osteria dell'Arancio M

Das reizende Restaurant liegt in der Oberstadt an der Piazza Peretti; hier ist besonders am Abend das italienische Flair geradezu umwerfend. Schier unermesslich die Auswahl an Weinen. Im Laden daneben gibt es ausgesuchte Lebensmittel.
Piazza Peretti, 2; Tel. 07 35 63 10 59; nur abends, im Winter Mi geschl. ★★ EURO VISA

Service

Auskunft
Ufficio Informazioni
Piazza Fazzini, 63013 Grottammare (AP); Tel. und Fax 07 35 63 10 87; E-Mail: iat.grottammare@regione.marche.it

MASSA FERMANA
■ C 13, S. 120

1800 Einwohner

Einen Ausflug wert ist der Ort wegen des Altarbildes »Madonna mit Kind« in der Kirche **SS. Lorenzo, Silvestro e Ruffino.** Es ist das erste Werk, das Carlo Crivelli in den Marken gemalt hat. Der in Venedig gebürtige Künstler, der wegen einer Frauengeschichte seine Heimatstadt verlassen musste, kam 1468 hierher, und der Impuls, den die Malerei in den Marken durch ihn erhielt, ließ eine ganze Schule, die »Crivelleschi«, entstehen. Crivellis Stil ist unverwechselbar, seine Madonnen- und Altarbilder zeichnen sich durch eine harte Linienführung und prunkvolle Details aus. Die Frauengestalten wirken profan, fast erotisch, vor allem die Haltung der Hände ist auffallend maniert und feinsinnig.

❶ MERIAN-Tipp

Die Spitzenklöpplerinnen von **Offida** Spitzenklöppeln, **pizzo a tombolo**, ist beinahe zum Markenzeichen für Offida geworden. Im Sommer sieht man sie vor ihren Häusern sitzen, die fleißigen Frauen mit den flinken Fingern. Sogar ein Denkmal wurde ihnen gewidmet. Dank der 1979 gegründeten Kooperative hat sich das Interesse an dieser Handarbeit wieder verstärkt, und es ist Ehrensache, an der jährlichen Ausstellung im Juli und August teilzunehmen. In der Kooperative können die filigranen Kunstwerke gekauft werden. Cooperativa Artigiana Merlettaie; Via Roma, 1; Tel. 07 36 88 02 29; tgl. 8.30–12.30 und 16.30–20 Uhr ■ E 15, S. 121

OFFIDA
■ E 15, S. 121

5300 Einwohner

Offidas Spitzenklöpplerinnen sind berühmt, der **Palazzo Comunale** ist der schönste seiner Art in der Region, und die Kirche **Santa Maria della Rocca** gehört zu den bedeutendsten Beispielen italienischer Sakralarchitektur. Trotz heftiger kriegerischer Gebietsstreitigkeiten, die bis weit ins 18. Jh. dauerten, hat der Ort bis heute seine intakte Altstadt bewahrt. Auch der jährliche Karneval trägt mittelalterliche Züge. Höhepunkte sind der **»Lu Bov Fint«**, die Jagd auf den Ochsen, ein wildes, kämpferisches Schauspiel am Faschingsfreitag, und die **»Sfilata dei Vlurd«** am Faschingsdienstag, ein Umzug mit brennenden Schilfbündeln und einem riesigen Feuer um Mitternacht.

Sehenswertes

Palazzo Comunale
Der trotz seiner Größe leicht und filigran wirkende Renaissancepalast zeigt eine aparte Fassadengliederung mit zwei Loggien. Zinnenbewehrt das Dachgeschoss und der Glockenturm. Im Inneren ist das Teatro Serpente Aureo untergebracht, ein reizendes Barocktheater von 1820.
Piazza del Popolo

Santa Maria della Rocca
Die Kirche »auf dem Felsen« wurde, wie eine Inschrift besagt, 1330 von »Meister Albertinus« auf den Resten eines Vorgängerbaus aus dem 11. Jh. errichtet. Die romanisch-gotische Konstruktion hat drei auffallend hohe Schiffe, die sich in drei Apsiden fortsetzen. Einziger äußerer Schmuck sind die weißen Mauerstreifen und die Spitzensimse unter den Dächern. Durch das Portal in der Mittelapsis gelangt man zuerst in die Krypta, eigentlich eine Unterkirche, denn sie

erstreckt sich über die ganze Länge. Die Fresken werden dem als »Meister von Offida« bekannten Künstler zugeschrieben, einem Schüler von Giotto. In der oberen Kirche, die aus einem einzigen Raum besteht, sind weitere Freskenreste zu bewundern.
Via Roma; Sa und So 10–12.30 und 15–19 Uhr, im Winter bis 18,30 Uhr. Eintritt 1 €

Museen

Museo del Merletto a Tombolo
Das Museum zeigt eine Dokumentation mit Fotos, Zeichnungen und Entwürfen zur Spitzenklöppelei sowie rund 60 Spitzenarbeiten.
Palazzo Pagnanelli, Via Roma, 17; Juli–Sept. tgl. 10–12.30 und 16–20 Uhr, Okt.–Juni nur Sa und So 10–12.30 und 15.30–18.30 Uhr; Eintritt 1,60 €

Essen und Trinken

Taverna degli Artisti
Beliebtes Lokal in einem Gewölbe aus dem 16. Jh. Es ist laut, aber man isst gut. Reservierung notwendig.
Corso Serpente Aureo, 54/B; Tel. 07 36 88 99 20; im Winter Di geschl. ★★★

Einkaufen

Azienda Agricola Aleandri
Feines ascolanisches Olivenöl des Konsortiums Marche Extravergine.
Via Fratelli Cervi, 34

La Vinea – Enoteca Regionale delle Marche
Im Ex-Convento San Francesco trifft sich jeder, der Wein verkosten, kaufen oder darüber reden will.
Via Garibaldi, 75

Service

Auskunft
Ufficio Turistico
Corso Serpente Aureo, 79; 63035 Offida (AP); Tel. 0 73 68 88 71, Fax 07 36 88 96 48

SAN BENEDETTO DEL TRONTO ■ F 15, S. 121

45 200 Einwohner

San Benedetto del Tronto ist einer der Hauptbadeorte der südlichen Marken. Mehr als 7000 Palmen, die entlang der Promenade und bis zum Wasser wachsen, geben ihm subtropisches Flair. Gleichzeitig besitzt die Stadt nicht nur einen der wichtigsten Fischereihäfen, sondern auch die größte fischverarbeitende Industrie Italiens. Dennoch hat sich der Ort viel von seiner alten Seebadpracht erhalten. Der ältere Teil mit seiner Burg, den engen Straßen und malerischen Häusern liegt oberhalb des Corso Mazzini, während sich der eigentliche Badeort südlich und nördlich des großen Hafens erstreckt. Im Sommer ist hier viel los, und auch das Nachtleben ist höchst ausgeprägt.

Wer ein wenig Abstand vom sommerlichen Badetrubel sucht, dem sei ein Ausflug zum 6 km westlich liegenden **Acquaviva Picena** empfohlen, einem hübschen Städtchen mit mittelalterlichem Charakter. Sehenswert die Rocca, an deren Bau auch Baccio Pontelli beteiligt war.

Hotels/andere Unterkünfte

Arlecchino
Typisches Strandhotel am Lungomare, komfortabel und freundlich.
Viale Trieste, 22; Tel. 0 73 58 56 35, Fax 0 73 58 56 82; E-Mail: arlecchino@hotel-arlecchino.it; 30 Zimmer ★★ AmEx
DINERS EURO VISA

Calabresi
Modernes, komfortables Hotel in der Fußgängerzone. Gut geeignet für Kongresse.
Piazza Giorgini; Tel. 07 35 58 37 10, Fax 07 35 58 32 73; E-Mail: info@hotel-calabresi.it; 45 Zimmer ★★ bis ★★★
AmEx DINERS EURO VISA

Museen

Museo delle Anfore
Die Sammlung enthält Amphoren aus phönizischer, italischer und römischer Zeit, die in der näheren Adria gefunden wurden.
Viale de Gasperi; Di–So 9–12 und 15–18.30 Uhr; im Juli und Aug. Di–So 9–12 und 16–20.30 Uhr; Eintritt frei

Museo Ittico »Augusto Capriotti«
Das große Aquarium beherbergt Fische aus aller Welt.
Viale Colombo, 98; Di–So 9–12 und 15–18.30 Uhr; im Juli und Aug. Di–So 9–12 und 16–20.30 Uhr; Eintritt frei

Essen und Trinken

Da Vittorio
Eines der vielen empfehlenswerten Fischrestaurants mit einer großen Auswahl an Antipasti und natürlich der Sanbenedetteser Fischsuppe auf der Speisekarte.
Via Manara, 102; Tel. 07 35 58 33 44; Mo und im Sept. geschl. ★ ★ AmEx DINERS EURO VISA

Gelateria Pasticceria Sciarrà
Snacks und Appetitanreger zum Aperitif, leckeres Gebäck und Eis.
Viale S. Moretti, 31/A

Molo Sud
Traditionelles Fischrestaurant an der südlichen Hafenmole. Bodenständige Küche mit gemäßigten Preisen.
Via Tamarici; Tel. 07 35 58 73 25; Mo, 2. Woche im Sept. und 25.–31. Dez. geschl. ★ ★

Am Abend

Diskotheken, Tanzbars und Pubs gibt es in und um San Benedetto viele. Im Sommer wird am Abend auch in den meisten **stabilimenti balneari** Musik zum Tanzen angeboten.

Gipsy
Attraktive Disko mit Livemusik im Stadtzentrum.
Via Risorgimento, 62, Tel. 07 35 59 31 30; Di geschl.

Service

Auskunft
IAT
Via delle Tamerici, 5, 63039 San Benedetto del Tronto (AP); Tel. 07 35 59 22 37, Fax 07 35 58 28 93; E-Mail: iat.sanbenedetto@regione.marche.it

Sport

Circolo Nautico Sanbenedettese
Unterricht im Segeln.
Via Marinai d'Italia; Tel. 07 35 58 42 55

Der fast 10 km lange feinsandige Sandstrand von San Benedetto del Tronto an der Riviera delle Palme zieht jedes Jahr Tausende von Badeurlaubern und Sonnenhungrigen an.

Die Adriastrände sind das klassische Ziel für einen Urlaub am Meer mit Wind, Sand und Sonne. Entlang der Küste gibt es fast überall Wassersportmöglichkeiten wie Tauchen, Segeln, Surfen. Das Hinterland bietet hervorragende Strecken für Radsportler und Mountainbiker. Kletterfans

Wer genug vom Wassersport hat, erreicht von der Küste in kurzer Zeit das bergige Hinterland zum Wandern und Klettern.

kommen ebenfalls auf ihre Kosten, und in den insgesamt acht Naturparks und Naturschutzgebieten lässt es sich nach Herzenslust wandern. Die so genannten Berggemeinden (**comunità montane**) sind eine Fundgrube für jede Menge Hinweise zu geführten Touren (Adressen im Internet unter www.comuni.cc/marche.htm und bei den jeweiligen Orten im Kapitel »Sehenswerte Orte«). Auch Ski fahren ist möglich, in **Frontignano** in den Sibillinischen Bergen oder am **Monte Carpegna**. Ideal sind die landschaftlichen Gegebenheiten für Drachenflieger und Paraglider.

Drachenfliegen

Das Gebiet um **San Leo** mit seinen hoch aufragenden Steilhängen eignet sich ausgezeichnet für alle Formen des Gleitfliegens.
Fraz. Piega, 61018 San Leo (PU); Tel. 05 41 91 22 27

Fliegen

Aeroclub »Ernesto Fogola« ■ D 6, S. 117
Sportfliegen und Fallschirmspringen. Aeroporto Raffaello Sanzio, 60015 Falconara Marittima (AN); Tel. und Fax 07 19 18 89 66; Mo geschl.

Golf

Conero Golf Club ■ E 7, S. 117
Der schönste Golfplatz der Marken, eine herrlich über dem Meer auf dem Monte Conero gelegene 18-Loch-Anlage in der Nähe von Sirolo (3 km).
Via Betelico, 6, Loc. Coppo, 60020 Sirolo (AN), Tel. 07 17 36 08 13, Fax 07 17 36 03 80; Di und 15. Jan.–15. Feb. geschl.

Rad fahren

Fast unbesehen lassen sich alle Strecken empfehlen, die auf den Hügelkämmen zwischen den einzelnen Flusstälern von Ort zu Ort führen. Größere Anstrengung verlangen Touren durch den **Montefeltro** und auf den Bergstraßen im Hinterland, im Nationalpark der **Monti Sibillini** oder im Naturschutzgebiet von **Torricchio** zwischen Camerino und Visso. Einen besonders schönen Teil des Hinterlandes erschließt eine Tour durch den Naturpark Gola della Rossa e di Frasassi (→ S. 96). Agriturismi und Ferienclubs, die Fahrräder und Mountainbikes verleihen, halten meist Tipps parat, ebenso die erwähnten Berggemeinden. Im Internet unter www.happybike.it finden Sie weitere Informationen und Tourenvorschläge.

Wandern

Für das Wandern am Meer empfehlen sich die beiden Steilküsten, der Naturpark **Monte San Bartolo** zwischen Gabicce und Pesaro und der **Monte Conero** südlich von Ancona. Besonders schön ist es im Spätfrühling, wenn Ginster und Akazien blühen und duften. Im Hinterland bieten sich die Höhenzüge des **Apennin** an, die Naturparks und natürlich die **Monti Sibillini** (→ S. 61, 98). Tipps für Touren erhalten Sie in den Case del Parco und in den Berggemeinden.

Strände

Civitanova Marche ■ F 8, S. 117
Langer, breiter, gepflegter Kiesstrand, im Süden schön bepflanzt
und angenehm ruhig.

Fano 👫 ■ F 2, S. 115
Schöner, sanft abfallender Sandstrand mit autofreier Flanierzone. Für
Familien mit Kindern daher gut geeignet.

Gabicce Mare ■ E 1, S. 115
Kurzer Sandstrand mit vielen Sport-
und Spielangeboten.

Numana ■ E 7, S. 117
Kleine Felsenbucht am Monte Conero, im Süden Kiesstrand.

Portonovo ■ E 6, S. 117
Malerischer Kies- und Felsenstrand
an der Steilküste des Monte Conero.

Porto Recanati ■ F 7, S. 117
8 km langer und sehr breiter Sandstrand, gesäumt von Pinienwäldern.

Porto San Giorgio ■ E 13, S. 121
Gepflegter Sandstrand mit vielen
Sport- und Spielmöglichkeiten.

Riviera delle Palme ■ F 14–15, S. 121
20 km feinsandiger Palmenstrand
mit den Badeorten Cupra Marittima,
Grottammare und San Benedetto
del Tronto.

Senigallia ■ C 5, S. 116
Feinsandiger Stadtstrand mit sehr
vielen Badeanstalten.

Sirolo ■ E 7, S. 117
Felsenstrand am Monte Conero. In
der Hochsaison überfüllt und nur zu
Fuß zugänglich.

*Großzügige Sand- und Kiesstrände, häufig
mit Badeanstalten (stabilimenti balneari),
warten in der Saison von Ende Mai bis
Anfang Oktober auf Badeurlauber.*

Eltern, die mit ihren Kindern Urlaub machen, werden von vornherein einen Ort auswählen, von dem auch der Nachwuchs etwas hat. In erster Linie bieten sich Meer und Strandleben an. In dieser Hinsicht leistet **Fano** schon einiges, denn die Stadt

organisiert, viele Restaurants bieten Kinderteller zum halben Preis an, Hotels Ermäßigungen bzw. Gratisbetten.

Für Abwechslung beim Strandurlaub sorgt ein Ausflug zu der Steilküste des **Monte Conero**. Dort können Groß und Klein zwischen Felsen klettern und die Unterwasserwelt mit Schnorchel und Taucherbrille erkunden.

Imposante Burgen und Festungen, bunte Stadtfeste und spannende Höhlentouren – auch für Kinder gibt es in den Marken viel zu entdecken.

versucht mit ihrem Projekt »Città per i bambini – Stadt für die Kinder« Struktur und Kultur auf die Bedürfnisse der Kleinen abzustimmen. Jede Badeanstalt hat ihren eigenen Spielplatz, in Meeresnähe wurden verkehrsberuhigte Zonen eingerichtet, es gibt Inline-Skate-Plätze, kleine Ausflüge oder Spielstunden werden

Viel Spaß bringen auch Touren entlang der zahlreichen Flüsse, die die Marken durchziehen, vor allem an ihrem Oberlauf, wo sie sich auf spektakuläre Weise ihren Weg durch die Berge bahnen. Und Baden kann man nicht nur im Meer. Die Marken haben auch einige kleine Badeseen zu bieten, zum Beispiel den **Lago di Fiastra** am Nordrand der Monti Sibillini, zu denen sich beson-

Stolz und würdevoll ziehen die Kinder durch die Stadt beim historischen Fest »Il pozzo della polenta« in Corinaldo (→ S. 104).

ders an heißen Sommertagen ein Ausflug lohnt. Für abgehärtete Wasserratten ein spezielles Badevergnügen ist der schnell fließende **Burano**-Fluss im Nordwesten der Region: Man fährt auf der SS3 von Fano bis Cagli, nimmt hinter Cagli die Ausfahrt Ponte Romano, fährt auf der kleinen Straße etwa 500 m zurück, parkt und erreicht nach einer kurzen Kletterpartie (gutes Schuhwerk) den Fluss, der sich mal eng zwischen Felsen schlängelt, mal weit ausgewaschene, tiefe Wannen hinterlässt. Wer den Schreck nach dem Eintauchen ins eiskalte Wasser überwunden hat, kann auf den flachen Felsen ringsum klettern oder ein Sonnenbad genießen.

Höhepunkt eines Markenurlaubs für Kinder sind sicherlich die **Grotte di Frasassi**, die Tropfsteinhöhlen von Frasassi, die zu den größten Europas gehören (→ S. 59,

96). Eine andere Art Vergnügen, zu dem sich auch ein wenig Geschichtsunterricht gesellt, ist die Besichtigung einer der vielen Burgen – allen voran die imposante **Festungsanlage von San Leo** (→ S. 36) –, in denen man sich auf die Spuren von Burgherren und Rittern begeben kann.

Oder wie wäre es mit einem Besuch im Museum? Nein, nicht in einer Gemäldesammlung, sondern dort, wo Kinder anhand von Werkzeugen und Maschinen zum Beispiel etwas über die frühere Arbeitswelt der Bauern oder der Papiermacher erfahren können. Im **Museo di Storia dell'Agricoltura** in den Kellergewölben des **Palazzo Ducale in Urbania** werden verschiedene Gerätschaften gezeigt, die für Anbau und Verarbeitung von Getreide und Wein gebraucht wurden. Neben dem Museum gibt es noch eine Bibliothek und etliche Sammlungen, darunter kostbare Majoliken und seltene Globen des berühmten Kartographen Mercator (Palazzo Ducale, Urbania; Do–Di 10–12, Di–So 15–18 Uhr; Eintritt 4 €). Ein weiteres Museum mit einer umfangreichen Sammlung von Werkzeugen und Gegenständen rund um das bäuerliche Leben ist das **Museo di Storia della Mezzadria** im ehemaligen **Convento Santa Maria delle Grazie** nahe **Senigallia** (→ S. 53).

Eine Besonderheit der Region stellt das jährlich im Juli stattfindende **Burattini Opera Festival in Pesaro** dar, ein internationales Festival für Puppentheater mit klassischer und zeitgenössischer Musik. Und nicht zu vergessen die vielen **historischen Stadtfeste**, auf deren Spuren man sich den ganzen Sommer über quer durch die Marken bewegen kann (→ S. 104).

Hügelauf, hügelab durch die Marken
– was haben sie nicht alles zu bieten: imposante Burgen, klassische Weincastelli, unzählige Kunstschätze und eine großartige Naturlandschaft.

Natur pur: Wer die Weltab-
geschiedenheit liebt, wird
bei einer Radtour durchs
Hinterland auf seine Kosten
kommen.

Durchs Montefeltro der mittelalterlichen Festungen

Das Montefeltro stellte mit seiner rauhen Hügellandschaft schon in frühesten Zeiten ein Bollwerk gegen Invasionen aus dem Norden dar. Zwei gegensätzliche »Mächte« haben dazu beigetragen. Bereits im 4. Jahrhundert wurde die Gegend von den beiden dalmatinischen Missionaren San Leo und San Marino christianisiert und fiel damit für den Kirchenstaat und die Ausbreitung seines Machtbereichs ins Gewicht. Die unzugänglichen Bergspitzen, auf die sich die beiden Bekehrer zurückgezogen hatten, erwiesen sich als strategisch günstige Punkte in der Landschaft, und es entstanden mächtige Burgen. Aber während **San Marino** auf dem **Monte Titano** (739 Meter) über die Jahrhunderte seine Unabhängigkeit bewahren konnte, war **San Leo** als Festung immer umstritten. Denn hier und im übrigen Montefeltro machten sich die Herzöge von Urbino und die Malatesta von Rimini die Herrschaft streitig. Sie überzogen das Land mit Befestigungen, die sie in ununterbrochenen Kriegen eroberten, zerstörten und wieder aufrichteten.

Die meisten dieser gewaltigen Festungsanlagen stammen von Francesco di Giorgio Martini (1439–1501/02), der wie kein anderer die Landschaft der Nordmarken geprägt hat.

Urbino ○
26 km
Sassocorvaro ○
Rocca Ubaldinesca ✳

8 km

Macerata Feltria ○
Monte Cerignone

Wir starten von **Urbino** aus und fahren gemächlich nach **Sassocorvaro**, denn die Straßen sind kurvig, und man kommt nur langsam voran. Die an beherrschender Stelle gelegene **Rocca Ubaldinesca**, erbaut 1475, ist die erste Station auf unserer Fahrt durchs »Burgenland«. Die eigenwillige Schiffsform der Rocca, die von Rundtürmen umgeben ist, erwies sich gegen den Beschuss mit den neuen Kanonen als sehr effizient. Dennoch unterlief Francesco di Giorgio Martini ein Schnitzer, den er sich, wie es heißt, nie verzieh. Er legte die Schießscharten so ungünstig an, dass durch sie der Feind weder zu sehen noch zu beschießen war. Das Innere der Festung zeigt sich in elegantem Renaissancestil und beherbergt außerdem ein entzückendes kleines Theater aus dem 18. Jahrhundert.

Weiter geht es nach **Macerata Feltria**, das schon im Altertum für seine schwefelhaltigen Quellen bekannt war und heute das renommierte Thermalbad, **Pitinum Thermae**, betreibt. Sehenswert das mittelalterliche **castello**; es liegt etwas oberhalb und schart sich mit einigen schönen Kirchen und Palästen um einen alten Turm. Nun führt uns die landschaftlich reizvolle Straße in Richtung Norden ins **Concatal** und nach **Monte Cerignone**. Von hier aus können wir einen Umweg ins »Ausland« machen, nämlich in die Republik **San Marino**, und auf dem Weg dorthin den wunderschön in der gebirgigen Landschaft gelegenen Kurort **Montegrimano** besichtigen.

San Marino führt seine Ursprünge auf den Dalmatinermönch Marino zurück, der im 3. Jahrhundert auf dem Monte Titano eine kleine Gemeinschaft von verfolgten Christen um sich versammelte. In der Folge etablierte sich ein geordnetes Gemeinwesen, das im 13. Jahrhundert unabhängig wurde. Heute ist San Marino eine selbstständige Republik unter dem Schutz Italiens auf einer Fläche von rund 61 Quadratkilometern. Hauptsächlich lebt sie vom Tourismus, denn hier kann man billig einkaufen, vor allem Spirituosen und Briefmarken. Sehenswert sind die **Rocca** und die beiden vorgeschobenen Türme, die nach Norden ausgerichtet sind (Auskunft: Ufficio Turismo, Contrada Omagnano 20, 47890 San Marino (RSM); Tel. 0 03 87/05 49 88 29 98, Fax 0 03 87/05 49 88 25 75; E-Mail: statoturismo@omniway.sm).

Die nächste Etappe ist **San Leo**, dessen eindrucksvolle Silhouette den Blick unweigerlich auf sich zieht. Hier gibt es nicht nur viel zu sehen, man kann auch gut essen und einen Übernachtungsstopp einlegen (→ S. 36). Am anderen Morgen fahren wir über **Maiolo** ins **Marecchiatal** hinunter. Fast aberwitzig das Panorama zur Rechten, wo auf bedrohlicher Felsspitze die **Burgruine von Maioletto** thront. In der Talsohle wenden wir uns nordwestlich nach **Novafeltria**, einem aufstrebenden Industriezentrum, dessen Hauptplatz sich mit einigen schönen alten Palazzi schmückt. Im **Caffè Grand'Italia**, einem der besterhaltenen Cafés aus der Jahrhundertwende, kann man sich für die Weiterfahrt stärken.

Macerata Feltria

Pitinum Thermae
8 km

Monte Cerignone

10 km

Montegrimano
14 km
San Marino

24 km

Rocca

ss258

San Leo

6 km

Maiolo
3 km
Burgruine von Maioletto
Novafeltria
2 km
Caffè Grand'Italia
Talamello
Perticara

Talamello ○	
6 km	
Perticara ○	
8 km	
Tal des Savio ✳	
Marecchiatal ✳	
Monte Carpegna ✳	
Sant'Agata Feltria ○	
5 km	
Petrella Guidi ○	
3 km	
Pennabilli ○	
11 km	
Carpegna ○	
46 km	
Urbino ○	

Wir setzen die Fahrt fort nach **Talamello**, Heimat des berühmten **formaggio di fossa**, den zu probieren sich auf jeden Fall lohnt. Weiter windet sich die Straße nach oben mit aufregenden Aussichten auf die ringsum verstreuten »Burgenfelsen«. Auf der Höhe des Passes führt ein kleiner Abstecher nach **Perticara**, ehemalige Schwefelbergwerkstadt mit einem interessanten Museum über die Geschichte dieses Ortes. Zurück auf der Straße beginnt der landschaftlich vielleicht schönste Abschnitt unserer Reise. Ein weites Panorama öffnet sich vor uns, zur Rechten das **Tal des Savio**, links das **Marecchiatal**, dahinter die Nordostflanke des **Monte Carpegna** und die Bergrücken des **Apennin**.

Sant'Agata Feltria, im äußersten nordwestlichen Zipfel der Provinz Pesaro-Urbino gelegen, bewachte mit seiner auf steilem Felsen balancierenden Rocca die nördliche Grenze des Herzogtums von Urbino. Die ebenfalls von Giorgio Martini grandios konstruierte Festung ist gut erhalten und beherbergt einige örtliche Museen und wechselnde Ausstellungen. Im Oktober/November zieht der Ort mit seinem Trüffelmarkt die Aufmerksamkeit der Gourmets auf sich. Wir verlassen ihn in Richtung Süden, fahren auf kurviger Straße durch Wälder, in denen im Herbst die Pilzsucher unterwegs sind, machen kurz Halt in **Petrella Guidi**, dessen Mauern in der Abendsonne rosafarben erglühen, und kommen nach **Pennabilli**, ursprünglicher Sitz der Malatesta (→ MERIAN-Lesetipp S. 10).

Wir schlängeln uns weiter bis **Carpegna**, ebenso berühmt als Ferienort wie für seinen besonders aromatischen Rohschinken, fahren alsdann in südöstlicher Richtung nach Urbania und von dort zurück nach **Urbino**.

Bild S. 93:
In der Rocca Fregosa
über den Dächern
von Sant' Agata
sind etliche kleine
Museen zu besich-
tigen.

Dauer: 1–2 Tage, Übernachtungsmöglichkeit in San Leo;
Länge: 188 km; **Karte:** → S. 114/115

Durchs Verdicchioland

Zwischen Misa und Musone, den küstennahen Nebenflüssen des Esino, schwingen die Hügel weich auf und ab. Auf fast jeder Kuppe sitzt ein mittelalterliches Städtchen, und überall gibt es Weingüter, in denen man den würzigen, ein wenig nach Aprikosen schmeckenden Verdicchio mit der hellgelb-grünen Farbe kaufen kann.

Jesi ○

10 km

Moie ○

10 km

Santa Maria ✳
delle Moie

Maiolati Spontini ○

3 km

Cupramontana ○

18 km

Cingoli ○

32 km

Jesi ○

Wir starten in **Jesi**, der prächtigen Stadt mit den eindrucksvollen Befestigungsmauern. Für die Besichtigung sollte man sich mindestens einen halben Tag gönnen (→ S. 47). Auf der alten Straße in Richtung Rom verlassen wir die Stadt und kommen vorbei an einigen schönen Villen, die sich reiche Familien im 19. Jahrhundert als Landsitze leisteten. Was sich sonst im Tal angesiedelt hat, ist weniger erbaulich, und durch **Moie**, das wir nach zehn Kilometern erreichen, würde man durchfahren, gäbe es nicht die romanische Abteikirche **Santa Maria delle Moie**, die einen Halt lohnt.

In Moie biegen wir von der Provinzstraße ab und fahren südlich weiter nach **Maiolati Spontini**. Die Straße windet sich in engen Kurven von neun auf 405 Meter hoch, und der Blick, der sich von der Terrasse des reizenden alten Stadtkerns bietet, ist herzerquickend. Weiter geht's nach **Cupramontana**, Hauptstadt des Verdicchio dei Castelli di Iesi und zur Ergänzung der eigenen Weinvorräte bestens geeignet.

Die Richtung, die wir jetzt einschlagen, führt uns über **Apiro** in den Bergort **Cingoli**, wegen seines schönen Rundumpanoramas auch »Balkon der Marken« genannt. Hier befinden wir uns zwar nicht mehr im klassischen Verdicchioland, dafür auf einer Höhe von 631 Metern mit einer grandiosen Aussicht vom Monte Conero bis zu den Monti Sibillini. Nun wenden wir uns wieder nördlich und kehren mit einem Abstecher über **Staffolo** zurück nach **Jesi**.

Bild S. 95:
Rund um Jesi: Ein
Meer von Hügeln, so
weit das Auge
reicht.

Dauer: 1 Tag; **Länge**: 60 km; **Karte**: → S. 116

Durch den Naturpark Gola della Rossa e di Frasassi

Die Tour erschließt einen besonders schönen Teil im Hinterland von Ancona. Charakteristisch sind natürlich die Berge, die hier in Apenninnähe schon höher hinaufstreben als weiter vorne im Verdicchioland und bis zu 1000 Meter erreichen. Doch auch die Flüsse haben im wahrsten Sinne des Wortes die Landschaft geprägt und tiefe Schluchten und Höhlen hinterlassen. Wer hier mit dem Fahrrad unterwegs ist, findet alles vor, was reizvoll an den Marken ist, steile Anstiege und ebensolche Abfahrten, traumhafte Aussichten, spektakuläre Naturschauspiele wie die **Tropfsteinhöhlen von Frasassi** oder die **Rossaschlucht**, einmalige Kunstdenkmäler und Städtchen wie aus dem Bilderbuch.

6

Arcevia ○

ss360

14 km

ss360

Genga ○

San Clemente ✳

6 km

Höhlen von Frasassi ✳
S. Vittore delle Chiuse

Wir starten in **Arcevia** (→ S. 55) auf 535 Metern Höhe in Richtung **Sassoferrato**, was bedeutet, dass es erstmal gleich herrlich bergab geht mit der Bergkette des Apennin immer vor Augen. Nach der Einmündung in die SS360 führt die Straße weiter leicht bergab durch eine bergige Landschaft mit Äckern und bewaldeten Hängen. Nach ca. zehn Kilometern nehmen wir die Abzweigung links nach Genga und begleiten den Fluss Sentino auf seinem noch geruhsamen Weg. Nach weiteren vier Kilometern geht es, wenn man will, links hoch nach **Genga** (320 Meter). Das hübsche Örtchen mit der intakten Stadtmauer bewahrt in der ehemaligen Kirche **San Clemente** Objekte und Bilder auf, die an den großen Sohn des Ortes Papst Leo XII. erinnern.

Die Straße mündet nun in die **Gola di Frasassi** ein. Der Sentino rauscht wilder, die Felswände rechts und links sind fast senkrecht, und wenn man genau hinschaut, kann man hie und da Grotten entdecken, in denen Reste von frühhistorischen Ansiedlungen gefunden wurden. Ein paar Kilometer weiter liegt rechts der Eingangsbereich zu den **Höhlen von Frasassi**, während sich die Kasse auf dem 500 Meter entfernten Parkplatz befindet (→ S. 59).

Nach Besichtigung der Grotten setzen wir unsere Fahrt fort, kommen an der bedeutenden romanischen Kirche **San Vittore delle Chiuse** vorbei (→ S. 59), danach in den gleichnamigen Ort, biegen rechts nach **Falcioni** ab und nehmen an der nächsten Gabelung den linken Weg. Er führt über die Autostraße hinweg zur Einmündung in die **Rossaschlucht**, die der inzwischen mit dem Sentino vereinte Esino ins rötliche Kalkgestein gefressen hat (daher der Name). Wir befinden uns im **Parco Regionale della Gola della Rossa**, ein Naturpark mit atemberaubenden Felsformationen und seltener Flora. Auch Adler und Uhu sind hier heimisch. Falls diese Strecke jedoch wegen Steinschlags gesperrt ist, was leider immer wieder passiert, bietet sich als nicht minder schöne Alternative eine sich langsam hochwindende Bergstraße. In diesem Fall folgen wir kurz hinter der Kirche **San Vittore** der Straße nach **Gattuccio**, fahren noch etwa zwei Kilometer weiter und finden linker Hand den Wegweiser nach **Castelletta**. Nun geht's in langen Serpentinen auf 606 Meter hoch, das Tal bleibt hinter uns, und der Blick fliegt immer weiter und weiter. Auf der Höhe kann man eine Verschnaufpause einlegen und die wunderschöne Aussicht nach Süden genießen, die an klaren Tagen bis zu den Gipfeln der Monti Sibillini reicht. Und dann beginnt eine schier nicht enden wollende Abfahrt bis zur Einmündung in die Straße, die links nach **Serra San Quirico** wieder hinaufführt.

Serra San Quirico, seit dem Mittelalter Wächterin über den Eingang in die Schlucht, liegt terrassenförmig vor uns. Auf der Westseite wurden die Häuser über die Stadtmauern gebaut, wodurch überdachte Straßen, die **copertelle**, entstanden. Ein Halt lohnt sich, auch wegen des **calcione**, einem leckeren süßen Kuchen aus Ricotta und Zitronen. Die Straße führt nun in unendlichen Kurven auf und ab über die Hügel zurück nach **Arcevia**. Hier können wir auf der **Piazza Garibaldi** einen Aperitif nehmen und von der Aussichtsterrasse, zu der man durch das Rathaus gelangt, einen letzten Blick auf die großartige Landschaft werfen.

Höhlen von Frasassi

San Vittore delle Chiuse

2 km

Falcioni

1 km

Rossaschlucht

Parco Regionale della Gola della Rossa

San Vittore delle Chiuse

13 km

Castelletta

12 km

Serra San Quirico

16 km

Arcevia

Dauer: 1 Tag; **Länge:** 56 km; **Karte:** → S. 116

In die Monti Sibillini durch die Gola dell' Infernaccio

Das hübsche mittel-alterliche Städtchen Montefortino bietet eine grandiose Aus-sicht auf die umlie-genden Berge, außerdem die Pina-kothek »Fortunato Duranti« mit Werken aus dem 15. bis 18. Jahrhundert und die sehenswerte Barockkirche Santa Maria delle Grazie.

Bereits in frühesten Zeiten fand ein reger Waren-austausch zwischen den Ländern diesseits und jenseits des Apennin statt, und eine der Verbin-dungsstrecken führte in die Monte Sibillini durch das **Tennatal** zum **Neratal** und nach **Norcia** in Um-brien bzw. weiter nach Rom. Damals schlug man sich allerdings nicht durch die Schlucht, sondern nahm den Weg weiter oben über die **Einsiedelei von San Leonardo**. Heute sind beide Routen als Wanderstrecken sehr beliebt und auch für Ungeüb-te gut zu bewältigen, weshalb man die Hochsaison im Juli und August möglichst vermeiden sollte. Als Ausgangsort eignet sich **Montefortino**, denn von hier ist die Anfahrt nur mehr kurz.

Von Montefortino zur Quelle des Tenna

Wir starten mit dem Auto in Richtung **Amandola** und folgen dem Wegweiser zum **Santuario Ma-donna dell'Ambro**. Wenn wir diese Straße weiter-fahren würden, kämen wir zu einer kleinen Kapelle, Ort einer wundertätigen Marienerscheinung und ebenfalls ein schönes Ausflugsziel (Besichtigung nach Voranmeldung unter Tel. 07 36 85 91 01). Auf unserer Route zur Quelle des Tenna biegen wir nach ca. 300 Metern auf die schmale asphaltierte Straße mit dem Hinweis »Infernaccio«. Nach einigen Kilo-metern gelangen wir rechts auf die Schotterstraße nach **Rubbiano**, fahren durch den Ort durch und kommen nach weiteren zwei Kilometern auf dem Parkplatz an. Von hier aus geht's zu Fuß weiter. Der Weg ist steinig und führt an den so genannten **pisci-arelle** entlang, die nicht umsonst so heißen, denn hier rinnt, murmelt, gluckert und rieselt es unaufhör-lich von den steilen Hängen. Wir überqueren auf ei-ner provisorischen Brücke zum ersten Mal den Ten-na und steigen in die enge Felsenschlucht, die ihren Namen »**Infernaccio**«, Höllenschlund, zu Recht trägt. Danach kreuzt der Weg zweimal den Fluss und

Ein bisschen klettern muss man schon auf dem Weg durch die enge Felsklamm, trotzdem stellt die-ser Abschnitt keine nennenswerte Schwierigkeit dar.

taucht dann in einen dichten Buchenwald mit jahrhundertealten Bäumen ein. Kurz darauf zweigt rechts der Pfad zum **Eremo di San Leonardo** ab. Wir bleiben in der Talsohle, mal auf der einen Seite des Tenna, mal auf der anderen, mal bergauf, mal bergab zwischen den felsigen Hängen des Monte Priora zur Rechten und des Monte Sibilla zur Linken. Nach Verlassen des Waldes zieht sich der Weg noch eine Weile dahin, bis wir die Mulde erreicht haben, in der die Quelle des Tenna leider aus zwei recht hässlichen Eisenrohren sprudelt. Nach einer Rast unter Bäumen treten wir auf derselben Strecke wieder den Rückweg an.

Von der Gola dell' Infernaccio über die Einsiedelei von San Leonardo zu den Cascate del Rio

Bis zur Abzweigung ist der Weg der gleiche wie oben beschrieben. Diesmal verlassen wir jedoch den Flusslauf und steigen stetig durch den Buchenwald bergan. Der Weg ist nicht zu verfehlen, auch wenn immer wieder kleinere Pfade kreuzen. Nach etwa einer Stunde erreichen wir die **Einsiedelei von San Leonardo**, ein romanisches Kirchlein aus dem 11. Jahrhundert, und genießen den weiten Blick ins felsige Tennatal. Ca. 50 Meter hinter dem Brunnen folgen wir dem Pfad, der nach rechts in den Wald schwenkt und links den Hang des Riotals kreuzt. Vorbei an einigen verfallenen Häusern gelangen wir nach ca. 150 Metern zu einer Gabelung, wenden uns nach links und steigen langsam zum Rio hinab. Hier folgen wir dem Flusslauf aufwärts, bis sich das Tal erst weitet und danach zwischen den engen Wänden wieder verengt bis zum **Wasserfall**, dessen Rauschen man schon von weitem hört. Den Rückweg treten wir auf derselben Strecke an.

Seit 1971 wird die Einsiedelei von einem Franziskanermönch bewohnt: Fra' Pietro Lavini zog sich dorthin zurück, baute das Kirchlein wieder auf, rekonstruierte die Wasserleitung und legte einen Gemüsegarten an.

Höhenunterschied: 352 m bzw. 466 m; **Hinweg:** für beide Wegstrecken jeweils 2–2 1/2 Stunden; **Rückweg:** 1 3/4–2 Stunden; **Markierung:** rot-weiß, nur bis zur Abzweigung; **Karte:** → BC 15, S. 120

Nützliche Informationen rund um den Markenurlaub: von Anreise bis Zoll, mit Festkalender, Einkaufstipps, Nebenkosten- und Klimatabelle.

Bei den zahlreichen histori-schen Stadtfesten werden Kunstfertigkeit und altes Brauchtum gepflegt (hier in Corinaldo).

DIE MARKEN VON A–Z

Anreise

Mit dem Auto

Am schnellsten gelangt man über die Autobahn ans Ziel. Ab Bologna beginnt die Adria-Autobahn A14, die einen rasch zu den Küstenstädten der Marken bringt. Die Autobahn in Italien ist **mautpflichtig,** hinzu kommen die Gebühren für die Vignetten in der Schweiz (40 sFr), in Österreich (gestaffelt nach Gültigkeitsdauer) und für den Brenner. Zur schnelleren Abfertigung an den Mautstellen bietet sich die **VIA-Card** (25,80 €) an, von der die Autobahngebühr magnetisch abgebucht wird. Inzwischen ist das auch mit der EC-Karte möglich.

Empfehlenswert sind die grüne Versicherungskarte und der Auslandsschutzbrief eines Automobilclubs, da der Pannenschutz des ACI nicht kostenlos ist. Tempolimits (auf Landstraßen 90 km/h, auf Autobahnen zwischen 110 und 130 km/h), Überhol- und Parkverbote sollten unbedingt beachtet werden, denn die Strafen sind sehr hoch.

Mit dem Zug

Aus dem Norden kommend gelangt man mit Umsteigen in Mailand oder Bologna in die Marken. Kurswagen nach Ancona verkehren nur während des Sommerfahrplans von Düsseldorf, Frankfurt und München. Ebenfalls nur im Sommer fährt ein Autoreisezug von München bis Rimini, von dort sind die Marken nicht mehr weit. Informationen zu Fahrpreisen und Verbindungen der italienischen Staatsbahnen (FS) finden Sie im Internet unter www.fs-online.de.

Mit dem Flugzeug

Direktverbindungen in die Marken gibt es nur von München. Air Dolomiti fliegt viermal täglich von und nach Ancona Falconara. Von allen anderen deutschsprachigen Städten ist man auf die Flüge von Lufthansa und Alitalia angewiesen und erreicht Ancona mit Umsteigen in Mailand oder Rom. Die Buslinie »Conero Bus«, abgestimmt auf die Ankunfts- und Abfahrtszeiten, verbindet den Flughafen Raffaello Sanzio mit dem Stadtzentrum und dem Bahnhof von Ancona. Fahrscheine gibt es an der Flughafenbar.

– **Air Dolomiti:** Maximiliansplatz 12a, 80333 München; Tel. 0 89/29 09 41 41, Fax 0 89/29 09 41 45; in Italien: Tel. 8 00 01 33 66 (gebührenfrei); Rückflugbestätigung in Ancona-Falconara: Tel. 07 12 82 72 34

– **Alitalia:** Info-Tel. 1 47 86 56 43 (gebührenfrei), vom Handy Tel. 0 66 56 43; Ticketbüro: für Inlandsflüge Tel. 1 47 86 56 41, vom Handy Tel. 0 66 56 41; für internationale Flüge Tel. 1 47 86 56 42, vom Handy Tel. 0 66 56 42; Internet: www.alitalia.de

Auskunft

ENIT in Deutschland

– Karl-Liebknecht-Str. 34, 10178 Berlin; Tel. 0 30/2 47 83 97, Fax 0 30/2 47 83 99; E-Mail: enit-berlin@t-online.de
– Kaiserstr. 65, 60329 Frankfurt/Main; Tel. 0 69/23 74 34, Fax 0 69/23 28 94; E-Mail: enit.ffm@t-online.de
– Goethestr. 20, 80336 München; Tel. 0 89/53 13 17, Fax 0 89/53 45 27; E-Mail: enit-muenchen@t-online.de

Gebührenpflichtige Sammelnummer für Prospektbestellung:
Tel. 0 08 00 00 48 25 42

ENIT in Österreich

Kärntner Ring 4, 1010 Wien; Tel. 01/5 05 16 39, Fax 01/5 05 02 48; E-Mail: enit-wien@aon.at

ENIT in der Schweiz

Uraniastr. 32, 8001 Zürich; Tel. 01/2 11 79 17, 01/2 11 36 33, Fax 01/2 11 38 85; E-Mail: enit@bluewin.ch

In den Marken

Assessorato al Turismo ◼ c 6
Via Gentile da Fabriano, 9, 60125 Ancona;
Tel. 07 18 06 22 84, Fax 07 18 06 21 54,
Tel. 8 00 22 21 11 (gebührenfrei)

Gebührenfreier, mehrsprachiger Telefondienst für Touristik-Informationen unter Tel. 8 00 56 38 00

Weitere Auskunftsadressen finden Sie bei den einzelnen Orten im Kapitel »Sehenswerte Orte«.

Diplomatische Vertretungen

Deutsche Botschaft
Via San Martino della Battaglia 4,
00185 Roma; Tel. 06 49 21 31,
Fax 0 64 45 26 72; E-Mail:
mail@deutschebotschaftrom.it
Deutsches Generalkonsulat
Via Solferino 40, 20121 Milano;
Tel. 0 26 23 11 01, Fax 0 26 55 42 13;
E-Mail: consgermmilano@libero.it

Österreichische Botschaft
Via Pergolesi 3, 00198 Roma; Tel.
0 68 44 01 41, Fax 0 68 54 32 13;
E-Mail: rom-ob@bmaa.gv.at
Österreichisches Generalkonsulat
Viale Legi 32, 00198 Roma;
Tel. 0 68 55 28 80, Fax 0 68 35 29 91;
E-Mail: rom-ka@bmaa.gv.at

Schweizer Botschaft
Via Barnaba Oriani 61, 00197 Roma;
Tel. 06 80 95 71, Fax 0 68 08 85;
E-Mail: amsuisse@rom.rep.admin.ch
Schweizer Generalkonsulat
Via dei Mille 16, 80121 Napoli;
Tel. 08 14 10 70 46,
Fax 0 81 40 09 70 47;
E-Mail: vertretung@nap.rep.admin.ch

Einkaufen

In den Marken kann man fast überall gut einkaufen, seien es nun kulinarische Spezialitäten oder schöne Dinge zum Anschauen oder Anziehen. An erster Stelle rangieren die **Trüffeln,** die man am besten im Oktober und November auf den Trüffelmärkten in Acqualagna, Sant'Angelo in Vado und Sant'Agata Feltria kauft. Bekannt sind die Marken auch für gutes **Olivenöl,** ausgezeichnete **Weine** und delikate **Würste.** Wer jedoch Besonderes sucht, dem sei von der **formaggio della fossa,** der in den Tuffsteinhöhlen des Montefeltro zu einem pikanten Käse heranreift, die raffinierten **olive ascolane** aus dem Piceno und die haarfeinen **maccheroncini** aus Campofilone empfohlen.

Die Keramik hat in den Marken eine lange Tradition. Reich bemalte **Majolika** findet man in Ascoli Piceno und Urbania, hübsche Töpferware in und um Fratterosa. Montappone ist berühmt für seine **Hüte,** die Gegend um Fermo, Civitanova Marche und Sant'Elpidio für **Schuhe,** Tolentino für elegante **Lederwaren.** Und wer sich ein **Akkordeon** kaufen will, ist in Castelfidardo an der besten Adresse.

Feiertage

1. Jan.	Capodanno/Neujahr
6. Jan.	Epifania oder Befana/Hl. Drei Könige
Ostersonntag	Pasqua
Ostermontag	Pasquetta
25. April	La Resistenza/Tag der Befreiung vom Faschismus
1. Mai	Festa del lavoro/Tag der Arbeit
15. Aug.	Ferragosto/Mariä Himmelfahrt
1. Nov.	Tuttisanti/Allerheiligen
8. Dez.	L'Immacolata/Mariä Empfängnis
25. Dez.	Natale/Weihnachten
26. Dez.	Santo Stefano/Fest des hl. Stefan

Feste und Festspiele

Januar
Festa della Befana
5./6. Januar in Urbania

Februar
Carnevale Storico
Zehn Tage vor Faschingsdienstag in Offida.

Karnevalsumzüge
Jeden Samstag und Sonntag in Fano
1. Sonntag in Matelica

März/April
Palio della Rana
Bei diesem kuriosen Wettkampf müssen die Teilnehmer einen Frosch auf einem Schubkarren unversehrt durchs Ziel schieben.
1. Sonntag nach Ostern in Fermignano

Settimana Santa
Karfreitagsprozessionen und Mysterienspiele u.a. in Cagli und Sassoferrato.

Mai
Palio di San Floriano
Historisches Fest zu Ehren des hl. Florian.
4. Mai in Jesi

Tolentino 1815
Historisches Fest um die Schlacht bei Tolentino.
1. Mai-Wochenende

Juni
Palio di San Giovanni e Sfida del Maglio
Wettkämpfe zwischen den Schmieden der vier Contraden.
24. Juni in Fabriano

Juli/August
Ambaraba
Festival des Puppenspiels in Santa Maria Nova, Serra San Quirico, Jesi-Monsano, Maiolati Spontini.

Burattini Opera Festival
Figurentheater mit klassischer und zeitgenössischer Musik.
2. Juliwoche in Pesaro

Civitanova Danza
Festival des modernen Tanzes in Civitanova.
2. Julihälfte

Fano Jazz by the Sea
Treffpunkt der internationalen Jazzelite in Fano.

Festival Klezmer
Mehrtägiges Festival mit jüdischer Musik in Ancona.

Il pozzo della polenta
Historisches Stadtfest in Corinaldo.
2. Juli-Wochenende

Il violino e la selce
Festival der zeitgenössischen Musik u.a. in Fano.

Mostra Mercato Nazionale d'Antiquariato
Bekannte Antiquitätenmessse in Pennabilli.

Opernfestspiele
Im Sferisterio in Macerata.

Seduzione al Castello
2. Juli-Wochenende in Gradara

Teatro Antico
Klassisches antikes Theater im römischen Amphitheater von Urbisaglia.

Ville e Castella
Festival mit Vorträgen, Konzerten und Theateraufführungen in der Provinz Pesaro-Urbino.

August
Disfida del Bracciale
Stadtfest rund um das Ballspiel »Bracciale«.
1. Sonntag in Treia

Giuoco dell'Oca
Historisches Stadtfest.
2. Sonntag in Cagli

Palio »La Caccia del Cinghiale«
Nachstellung eines Jagdfestes aus
dem 16. Jh
13.–15. August in Mondavio

Rossini Opera Festival
In Pesaro

Torneo Cavalleresco della Quintana
Reiter- und Turnierspiele.
1. Sonntag in Ascoli Piceno

September
Festa dell' aquilone
→ MERIAN-Tipp S. 41

Oktober/November
Festa del Verdicchio
1. Oktoberhälfte in Cupramontana

Fiera Nazionale del Tartufo
An den Wochenenden im Oktober in
Sant'Agata Feltria und Sant'Angelo in
Vado, an den November-Wochenen-
den in Acqualagna.

**Premio Internazionale »Astor Piaz-
zolla«**
Akkordeon-Wettbewerb.
1. Oktoberhälfte in Castelfidardo

Geld

Seit 1. Januar 2002 sind die Euro-
Banknoten und -Münzen im Umlauf.
Nun kommen Sie also um die lästi-
gen Wechselmodalitäten herum. Die
italienische Lira verlor zum 1. März
2002 ihre Gültigkeit als gesetzliches
Zahlungsmittel. Der Wechselkurs für
Schweizer Franken lautet: 1 € =
1,48 sFr (Stand Feb. 2002).

Banken haben in der Regel Mo–Fr
8.30–13.30 und 15–16 Uhr geöffnet
und am Wochenende sowie feiertags
geschlossen. Mit EC- oder Kreditkarte
mit Geheimnummer können an **Ban-
comaten** täglich bis zu 250 € abge-
hoben werden. In nahezu allen Hotels und Restaurants mittlerer und
höherer Preisklasse werden die gän-
gigen Kreditkarten akzeptiert. Euro-
cheques werden in Italien nicht mehr
angenommen.

Internet

www.diemarken.com
Die Marken-Website mit zahlreichen
Informationen, Tipps und Beschrei-
bungen, dazu viele Links zu weiteren
Sites. Außerdem können kostenlose
Infobroschüren und ein Unterkunfts-
verzeichnis angefordert werden.
www.incastro.marche.it
Aufwendig gestaltete Internetseite,
die den Festungen und Burgen der
Region gewidmet ist mit zahlreichen
nützlichen Telefonnummern zu Hotels, Restaurants etc., inklusive Ver-
anstaltungskalender.
www.marcheworldwide.org
Die internationale Website der Regio-
nalverwaltung auf Englisch.

Medizinische Versorgung

Sie entspricht dem allgemeinen eu-
ropäischen Niveau. In den Badeorten
stehen in der Saison für Touristen
kostenlose medizinische Versor-
gungsdienste zur Verfügung **(Guar-**

Nebenkosten in Euro	
1 Tasse Kaffee	0,70
1 Bier	1,50
1 Cola/Limo	1,30
1 Brot (ca. 500g)	1,30
1 Schachtel Zigaretten	2,60
1 Liter Benzin	1,40
Fahrt mit öffentl. Verkehrs-mitteln (Einzelfahrt)	1,30
Mietwagen/Tag	ab 50,00

dia medica turistica). Auch in den Krankenhäusern erhalten Urlauber gratis Erste Hilfe (Pronto Soccorso) Für EU-Bürger, die bei einer gesetzlichen Krankenkasse versichert sind, ist bei Vorlage des Auslandskrankenscheins (Vordruck E111), der vorher beim örtlichen Gesundheitsdienst (**USL**) umgetauscht werden muss, die medizinische Behandlung innerhalb des staatlichen italienischen Gesundheitssystems kostenlos. Private Ärzte müssen hingegen bar bezahlt werden. Für die Erstattung durch die Krankenkasse benötigt man eine quittierte Rechnung. Der Abschluss einer privaten Auslandskrankenversicherung, die im Notfall für den Rücktransport aufkommt, empfiehlt sich als zusätzlicher Versicherungsschutz. Die Apotheken (**Farmacia**) sind gut sortiert, allerdings werden viele Medikamente unter anderen Namen als in Deutschland, Österreich und der Schweiz geführt.

Notruf

Polizei 112
Rettungsdienst 113
Feuerwehr 115
Die Pannenhilfe des italienischen Automobilclubs **ACI** erreicht man unter Tel. 116, vom Handy Tel. 80 11 68 00 und über die Notrufsäulen auf der Autobahn, den **ADAC** in Italien über Tel. 02 66 15 91.

Öffnungszeiten

Für **Sehenswürdigkeiten** (Museen, Baudenkmäler, archäologische Stätten) gibt es keine einheitliche Regelung. Aktuelle Informationen, die Marken betreffend, findet man in der regionalen Tageszeitung. **Museen** sind in der Regel am Montag und über Mittag geschlossen und im Sommer länger geöffnet als im Winter. **Kirchen** können meist 8.30–12 und 16–19.30 Uhr betreten werden. Sind sie geschlossen, muss man sich

nach einem Kustoden erkundigen. Die **Ladenöffnungszeiten** sind flexibel und an Wochentagen allgemein 8.30–12.30 und 15.30–19.30 Uhr, im Sommer 16–20 Uhr. In der Hochsaison öffnen die Geschäfte in den Badeorten meist auch am Sonntag und halten abends länger offen. Am Donnerstagnachmittag sind in den Marken alle Lebensmittelgeschäfte geschlossen. **Banken** halten ihre Schalter Mo–Fr 8.30–13.30 Uhr geöffnet, bisweilen auch nachmittags zwischen 15–16 Uhr. **Postämter** sind generell an Werktagen vormittags 8.30–13.30 Uhr geöffnet, nachmittags nur die Hauptpostämter in den größeren Orten. Außer auf der Autobahn haben **Tankstellen** in der Regel 7–12.30 und 15–19.30 Uhr geöffnet und einen Ruhetag pro Woche.

Post

Briefmarken, **francobolli**, bekommt man auf Postämtern und in Tabakgeschäften (blaues oder schwarzes Schild mit weißem T). Briefe und Postkarten nach Deutschland, Österreich und der Schweiz kosten 0,41 €. Neuerdings gibt es die so genannte **posta prioritaria**, eine »bevorzugte« Post. Sie hat besondere Briefmarken zum Preis von 0,62 € und bringt Briefe und Postkarten tatsächlich in ein bis zwei Tagen ans Ziel.

Reisedokumente

EU-Bürger brauchen nur einen Personalausweis, während für Schweizer der Reisepass vorgeschrieben ist. Kinder unter 16 Jahren müssen im Reisepass der Eltern eingetragen sein, sofern sie keinen eigenen Kinderausweis haben. Für Autofahrer genügt der nationale Führerschein, die Mitnahme der grünen Versicherungskarte ist empfehlenswert. Kopien der Ausweise sollte man getrennt aufbewahren.

Reisewetter

Bedingt durch die Nähe von Meer
und Bergen ist es in den Marken
nicht so mild und ausgeglichen, wie
man es sich von einem mediterranen
Klima erwartet. Die Winter sind kalt
und feucht, und die Bora, die von
den dalmatinischen Alpen über die
Adria fegt, sorgt zusätzlich für eiskalte Temperaturen. Die Sommer hingegen können heiß sein mit wenigen
Regentagen und begünstigen eine
lange, stabile Badesaison. Die durch-
schnittliche Niederschlagsmenge beträgt rund 700 mm pro Jahr an der
Küste, 1000 mm im Landesinneren.
Schnee fällt regelmäßig nur in den
Bergen, am Meer selten. Frühjahr
und Herbst sind die schönsten Jah-
reszeiten für Besichtigungsreisen,
Rad- und Wandertouren, während
man einen Badeurlaub am besten in
die Monate Juni bis September legt.

Stromspannung

Sie beträgt 220 bis 230 Volt. Für
Schukostecker sollte man sich allerdings einen Adapter (**spina di adat-
tamento**) mitnehmen.

Telefon

Für die meisten Telefonzellen
benötigt man eine Telefonkarte
(**scheda telefonica**), die man in Postämtern, Tabakgeschäften (**tabacchi**)
und Bars zum Preis von 2,58 oder
5,16 € kaufen kann. Vor dem Telefonieren muss die Karte durch
Abknicken der linken oberen Ecke
entwertet werden. Es gibt auch Tele-
fonkarten mit vorausbezahltem Gut-
haben und persönlichem Code, mit
denen man kostengünstig auch von
Hotels aus anrufen kann. Dank der
Mobiltelefonnetze TIM (Telecom
Italia Mobile) und Omnitel kann man
fast überall in den Marken auch mit
dem Handy problemlos telefonieren.

Achtung: Innerhalb Italiens und aus
dem Ausland muss, selbst bei einem
Ortsgespräch, die Vorwahl inklusive
der Null immer mitgewählt werden.

I → D 0049
I → A 0043
I → CH 0041
D, CH → I 0039
A → I 0040

Tiere

Für die Mitnahme von Hunden und
Katzen bei der Einreise muss ein
Gesundheitszeugnis vorgelegt
werden, das nicht älter als 30 Tage
ist, und ein Impfpass, in dem die letz-
te Tollwutimpfung nicht länger als elf
Monate zurückliegen darf.

Nicht überall sind Haustiere will-
kommen, daher sollte man sich im
Voraus bei der Reservierung der Un-
terkunft erkundigen, ob Tiere erlaubt
sind, vor allem bei größeren Hunden
sei eine vorherige Klärung dringend
empfohlen. In folgenden Hotels ist
das Mitbringen zumindest von kleinen Hunden erlaubt:

Trinkgeld

Im Restaurant spendiert der Gast dem Service bis zu zehn Prozent des Rechnungsbetrags, auch wenn der Bedienungszuschlag bereits im Preis inbegriffen ist. Dabei wartet er auf das Wechselgeld und lässt das Trinkgeld dann liegen. Dem Reinigungs-personal im Hotel gebühren – je nach Kategorie – pro Tag und Zimmer zwischen 1 und 2,50 €.

Verkehrsverbindungen

Mit dem Auto

Ausflüge in den Marken werden durch ein gut ausgebautes Straßennetz begünstigt. Ein schnelles Fortkommen ist allerdings nur entlang der Küste und in den Flusstälern, die das Land von West nach Ost durchziehen, möglich. Fährt man im Hinterland in Richtung Süden bzw. Norden, braucht man viel Zeit. Unablässig winden sich die Straßen hügelauf, hügelab, so dass jedes Ziel, eben noch nah, hinter der nächsten Kurve wieder in weite Ferne zu rücken scheint. Alle Küstenorte erreicht man über die A14 (maut-pflichtig) und die parallel dazu verlaufende Via Adriatica SS16. Die wichtigsten Verbindungen ins Landesinnere sind die Staatsstraßen SS423 (Pesaro–Urbino), SS3 (Fano–Urbino bzw. Cagli), SS78 (Ancona–Falconara–Jesi-Fabriano), SS77 (Civitanova–Macerata–Tolentino–Camerino) und SS4 (San Benedetto del Tronto–Ascoli Piceno). Die Stadtzentren sind meist autofreie Zonen, deswegen empfiehlt es sich, das Auto an der Peripherie stehen zu lassen und sich, im Falle eines gebührenpflichtigen Parkplatzes, mit genügend Kleingeld auszurüsten für Parkscheine.

Auf den Flughäfen, in den Provinzhauptstädten und größeren Urlaubsorten gibt es **Leihwagenagenturen**. Ein Kleinwagen kostet rund 75 € pro Tag (Kreditkarte mitnehmen!). Es empfiehlt sich, bereits zu Hause im Reisebüro ein günstiges **Fly&Drive**-Angebot zu buchen.

Entfernungen zwischen wichtigen Städten (in km)

	Ancona	Ascoli Piceno	Fabriano	Fano	Fermo	Jesi	Macerata	Pesaro	Tolentino	Urbino
Ancona	–	123	76	41	69	31	62	53	85	90
Ascoli Piceno	123	–	133	170	66	143	102	180	100	212
Fabriano	76	133	–	86	105	46	69	97	52	87
Fano	41	170	86	–	114	56	110	12	134	46
Fermo	69	66	105	114	–	86	55	125	65	160
Jesi	31	143	46	56	86	–	37	68	59	80
Macerata	62	102	69	110	55	37	–	122	20	117
Pesaro	53	180	96	12	125	68	122	–	145	35
Tolentino	85	100	52	134	65	59	20	145	–	139
Urbino	90	212	87	46	160	80	117	35	139	–

Mit dem Fahrrad

Radsportler kommen in den Marken auf ihre Kosten. Das hügelige Hinterland erfordert zwar viel körperlichen Einsatz, doch wird jeder mühevolle Anstieg mit einer herrlichen Abfahrt belohnt. Weit gemütlicher radelt es sich in Küstennähe und den flachen Flusstälern. In den meisten Ferienorten findet man einen Fahrradverleih.

Mit öffentlichen Verkehrsmitteln

Mit der **Bahn** erreicht man im Zweistundentakt alle Orte an der Küste, ausgenommen den Monte Conero. **Achtung**: Zugtickets vor Antritt der Fahrt auf dem Bahnsteig entwerten, sonst gibt es Geldstrafen. Wer ins Hinterland will, ist auf den **Bus** angewiesen. Alle größeren Städte besitzen einen Busbahnhof (**autostazione**) und ein regionales Busnetz. Selbst die entlegensten Dörfer werden angefahren; allerdings haben die lokalen Gesellschaften ihre Fahrpläne nicht immer aufeinander abgestimmt.

Zeitungen

Die wichtigsten Tages- und Wochenzeitungen aus den deutschsprachigen Ländern kommen mit einem Tag Verspätung in die Urlaubsorte und größeren Städte, allerdings meist nur in der Saison. Unter den italienischen Blättern gilt *La Repubblica* als liberal. Über die lokalen Ereignisse informiert *Il Resto del Carlino* mit seiner regionalen Beilage und der *Corriere Adriatico*.

Zoll

Innerhalb der EU-Länder ist die Ein- und Ausfuhr von Waren und Gegenständen des persönlichen Gebrauchs zollfrei. Es gelten folgende Richtwerte: 800 Zigaretten oder 200 Zigarren oder 1 kg Tabak; 10 l Spirituosen oder 90 l Wein oder 110 l Bier. Für Nicht-EU-Mitglieder gelten die bisherigen Obergrenzen: 200 Zigaretten und 1 l Spirituosen.

Die genauen Klimadaten von Ancona

		Januar	Februar	März	April	Mai	Juni	Juli	August	September	Oktober	November	Dezember
Durchschnittl.	Temp. in °C Tag	7,9	9,2	12,9	16,7	21,1	25,8	28,3	28,1	24,0	19,2	14,4	10,5
	Nacht	2,4	3,3	6,6	10,0	13,9	18,3	20,1	20,1	16,8	12,7	8,3	5,0
Sonnenstunden pro Tag		2,1	3,4	5,0	6,7	8,5	9,1	10,6	9,4	7,2	5,2	2,7	2,2
Regentage		8	7	7	8	8	6	5	5	8	9	9	10
Wassertemp. in °C		11	10	11	13	17	21	23	24	21	18	15	13

Quelle: Deutscher Wetterdienst, Offenbach

100 000 v. Chr.
Als Faustkeile bearbeitete Steine, 1963 auf dem Monte Conero entdeckt, sind die ersten menschlichen Spuren.

8000–7000 v. Chr.
Archäologische Funde entlang der Küste weisen auf eine relativ dichte Besiedlung hin.

3000–2000 v. Chr.
Invasionen kriegerischer Kaufleute aus dem Balkan, die den Gebrauch von Metall importieren. Funde in Sassoferrato, Nidastore di Arcevia und in den zahlreichen Grotten bei Frasassi lassen auf eine so genannte apenninische Kultur schließen.

9. Jh. v. Chr.
Die Picener, ein Stamm der Sabiner, lassen sich im heutigen Gebiet der Marken und in den nördlichen Abruzzen nieder. Einflüsse der Etrusker, Griechen, Gallier und Kelten, mit denen die Picener Handel treiben, hinterlassen ihre Spuren.

3. Jh. v. Chr.
Sieg der Römer über die Gallier bei Sentinum (295 v. Chr.), dem heutigen Sassoferrato. Die verbündeten Picener werden gleich mit unterworfen, aber erst 260 v. Chr. ins Römische Reich eingegliedert. Durch den Bau der Via Flaminia 220 v. Chr., die die Hauptstadt Rom mit der Adria verbindet, erleben die hier gelegenen Städte eine Blütezeit.

5. Jh.
Nach dem Untergang des Weströmischen Reichs bleibt der nördliche Teil der Marken unter der Herrschaft von Byzanz. Es entstehen die Fünfstädte, mit Rimini, Pesaro, Fano, Senigallia und Ancona die »Pentapolis marittima«, mit Urbino, Fossombrone, Cagli, Gubbio und Jesi die »Pentapolis montana«.

6./7. Jh.
Die Langobarden besetzen einen großen Teil Mittelitaliens, gründen das Herzogtum Spoleto und beherrschen von dort aus auch die Südmarken.

8./9. Jh.
Karl der Große beendet die Herrschaft der Langobarden und setzt 781 den Papst wieder in seine ehemaligen Besitzungen in Ober- und Mittelitalien ein. Dazu gehören auch die Marken. Der Grundstein zum Kirchenstaat, der mit Unterbrechungen 1000 Jahre bestehen wird, ist gelegt.

10./13. Jh.
Unter ottonischer Herrschaft und mit der Erneuerung der Macht des Heiligen Römischen Reichs entsteht die Einteilung in die drei Marken Camerino, Ancona und Fermo. Sie sind, wie auch das übrige Mittelitalien, tief in den Konflikt zwischen Papst und Kaisertum verstrickt. Die Guelfen sind päpstlich gesinnt, die Ghibellinen kaisertreu. Die härtesten Auseinandersetzungen erfährt Italien unter dem Stauferkaiser Friedrich II., der am 26. Dezember 1194 auf dem Marktplatz in Jesi geboren wird. Die neuen Mönchsorden, Franziskaner, Dominikaner, Augustiner, reformieren die religiöse Kultur.

14./15. Jh.
Nach der Eroberung des Königreichs von Neapel und Sizilien erlangt der Kirchenstaat die absolute Vorherrschaft in Italien. In den Regionen bilden sich die Signorien heraus, die von adligen Familien getragen werden. Im nördlichen Landesinneren der Marken herrschen die Montefeltro, entlang der Küste die Malatesta, im südwestlichen Hinterland die Varano. Mitte des 15. Jh. erstrahlt der Glanz des Hofes von Urbino unter Herzog Federico II di Montefeltro.

16./18. Jh.
Italien gerät unter die Fremdherrschaft Frankreichs, Spaniens und Österreichs. Nach dem Tod des letzten Herzogs von Urbino fallen die Marken wieder vollkommen unter die Herrschaft des Papsttums; eine Zeit, die sich durch kulturellen und wirtschaftlichen Stillstand auszeichnet.

19. Jh.
Napoleon unterwirft, über Rimini quer durch die Marken marschierend, den Papst und diktiert ihm 1797 den »Frieden von Tolentino«. Italien wird in abhängige Freistaaten eingeteilt, Napoleons Bruder Joseph zum italienischen König gekrönt. Nach dem Sturz Napoleons regen sich allenthalben nationale Bestrebungen, auch in den Marken fasst das Risorgimento moderat Fuß. Nach der Befreiung Siziliens von den Bourbonen landet Giuseppe Garibaldi am 20. August 1860 auf dem Stiefel. Im September beendet die Schlacht von Castelfidardo die Macht des Kirchenstaats in den Marken. Diese schließen sich im November dem vereinigten Königreich von Piemont an, die Einteilung in die vier Provinzen Ancona, Ascoli Piceno, Macerata und Pesaro-Urbino wird vollzogen.

19./20. Jh.
Die Region schafft nicht den Anschluss an den wirtschaftlichen Aufschwung des Nordens, 63 Prozent der Bevölkerung sind Anfang des 20. Jh. Analphabeten, die Auswanderungsrate ist bis zum Ersten Weltkrieg groß. Auch in der Zeit des Faschismus ändert sich die Situation nicht.

1943
Nach der Landung der Alliierten sind die Marken von den Gefechten stark getroffen. Ancona und Pesaro werden bombardiert sowie viele andere Orte entlang der »Goten Linie«.

Nach 1945
In der Nachkriegszeit fungieren die Marken zusammen mit Umbrien und der Toskana als Brücke zwischen dem prosperierenden Norden und dem rückständigen Süden.

1946
Italien wird Republik.

1970
Am 16. Dezember wird von der Regionalregierung das marchigianische Statut verabschiedet. Das »marchigianische Modell« entsteht, kleine Industrien und Handwerksbetriebe, die aufgrund fortschrittlicher Technologie im internationalen Wettbewerb mithalten können.

1994
Nach dem Verschwinden der Democracia Cristiana, der Partei, die seit dem Zweiten Weltkrieg ununterbrochen regiert hatte, gewinnt der Medienmogul Silvio Berlusconi mit seiner neu gegründeten Forza Italia auf Anhieb die Parlamentswahlen, muss jedoch acht Monate später zurücktreten.

1996
Das Mitte-Links-Bündnis L'Ulivo (Ölzweig) unter Romano Prodi als Ministerpräsident kommt an die Macht.

1998
Massimo d'Alema wird als erster Kommunist Ministerpräsident der italienischen Republik.

2001
Bei den Parlamentswahlen im Mai gewinnt das Mitte-Rechts-Bündnis mit Silvio Berlusconi an der Spitze.

2002
Zum 1. Januar 2002 wird auch in Italien der Euro als gesetzliches Zahlungsmittel und gemeinsame europäische Währung eingeführt.

Wichtige Wörter und Ausdrücke

Ja	*si*
Nein	*no*
Bitte	*per favore, per piacere*
Und	*e*
Wie bitte?	*prego, come?*
Ich verstehe nicht	*non capisco*
Entschuldigung, entschuldigen Sie	*scusa, scusi*
Guten Morgen, guten Tag	*buon giorno*
Guten Abend	*buona sera* (sagt man in Italien schon nachmittags)
Gute Nacht	*buona notte*
Hallo	*ciao*
Ich heiße ...	*mi chiamo ...*
Ich komme aus ...	*(io) vengo da ...*
Wie geht's ?	*come va?*
Danke, gut	*bene, grazie*
Wer, was, welcher	*chi, (che)cosa, quale*
Wie viel	*quanto*
Wo ist?	*dove è?*
Wann	*quando*
Wie lange	*per quanto tempo*
Sprechen Sie Deutsch?	*Lei parla tedesco?*
Auf Wiedersehen	*arrivederci*
Heute	*oggi*
Morgen	*domani*

Zahlen

null	*zero*
eins	*uno*
zwei	*due*
drei	*tre*
vier	*quattro*
fünf	*cinque*
sechs	*sei*
sieben	*sette*
acht	*otto*
neun	*nove*
zehn	*dieci*
hundert	*cento*
tausend	*mille*
zehntausend	*diecimila*
hunderttausend	*centomila*
1 Million	*un millione*

Wochentage

Montag	*lunedì*
Dienstag	*martedì*
Mittwoch	*mercoledì*
Donnerstag	*giovedì*
Freitag	*venerdì*
Samstag	*sabato*
Sonntag	*domenica*

Mit und ohne Auto unterwegs

Wie weit ist es nach ....?	*Quanto è distante ...?*
Wie kommt man nach ...?	*Come si arriva a ...?*
Wo ist ...	*Dove è ...*
– die nächste Werkstatt?	*– l'officina più vicina?*
– der Bahnhof/ Busbahnhof?	*– la stazione/stazione del pullman (autobus)*
– die nächste Bus-Station?	*– la fermata del pullman (autobus) più vicina?*
– der Flughafen?	*– l'aeroporto?*
– die Touristen-information?	*– l'ufficio turistico?*
– die nächste Bank?	*– la banca più vicina?*
– die nächste Tankstelle?	*– il distributore di benzina?*
Wo finde ich	*Dove trovo*
– einen Arzt/	*– un medico*
– eine Apo-theke?	*– una farmacia?*
Bitte voll tanken	*Per favore, il pieno di benzina*
Super	*benzina super*
Bleifrei	*senza piombo/ benzina verde*
Diesel	*diesel*
Mischung	*miscela per moto-cicli*
rechts	*destra*
links	*sinistra*

geradeaus	diritto
Ich möchte ein Auto/ein Fahrrad mieten	Vorrei noleggiare una macchina/ una bicicletta
Wir hatten einen Unfall	Abbiamo avuto un incidente
Bitte eine Fahrkarte nach ...	Per favore, un biglietto per ...
Hin und zurück	andata e ritorno
Autoschlüssel	chiavi della macchina
Der Motor springt nicht an	il motore non si mette in moto

Hotel

Ich suche ein Hotel	Cerco un albergo
Ich suche ein Zimmer für ... Personen	Cerco una camera per ... persone
Haben Sie noch ein Zimmer frei?	Lei ha ancora una camera libera?
– für eine Nacht	– per una notte
– für zwei Tage	– per due giorni
– für eine Woche	– per una settimana
Ich habe ein Zimmer reserviert	Ho prenotato una camera
Wie viel kostet das Zimmer?	Quanto costa (la camera)?
– mit Frühstück	– con prima (piccola) colazione
– mit Halbpension	– con mezza pensione
Kann ich das Zimmer sehen?	Posso vedere la camera?
Ich nehme das Zimmer	Si, la prendo
Doppelbett	(letto) matrimoniale
Kann ich mit Kreditkarte zahlen?	Posso pagare con la carta di credito?
Haben Sie noch Platz für ein Zelt/einen Wohnwagen?	C'è ancora posto per una tenda/una roulotte?

Restaurant

Die Speisekarte bitte	il menu, per favore
Die Rechnung bitte	Il conto, per favore
Ich hätte gern einen Kaffee	Vorrei un caffè
Wo ist die Toilette? (Damen/ Herren)	Dove è il bagno? (Signore/Signori)
Kellner	cameriere
Frühstück	prima (piccola) colazione
Mittagessen	pranzo
Abendessen	cena
Löffel	cucchiaio
Messer	coltello
Gabel	forchetta

Einkaufen

Wo gibt es ...?	Dove c' è ...?
Haben Sie ...?	Lei ha ...?
Wie viel kostet ...?	Quanto costa ...?
Das ist zu teuer	Costa troppo
Geben Sie mir bitte 100 g/ ein Pfund/ ein Kilo	Per favore, mi dia un etto/ mezzo chilo/ un chilo
Danke, das ist alles	Grazie, è tutto
Geöffnet/ geschlossen	aperto/chiuso
Bäckerei	forno, panetteria, panificio
Konditorei	pasticceria
Markt	mercato
Metzgerei	macelleria
Haushaltswaren	(negozio di) casalinghi
Lebensmittel	(negozio/generi di) alimentarI
Briefmarke(n) für einen Brief/ Postkarte nach Deutschland/ Österreich/ in die Schweiz	francobollo(i) per una lettera/ cartolina per la Germania/ l'Austria/ la Svizzera

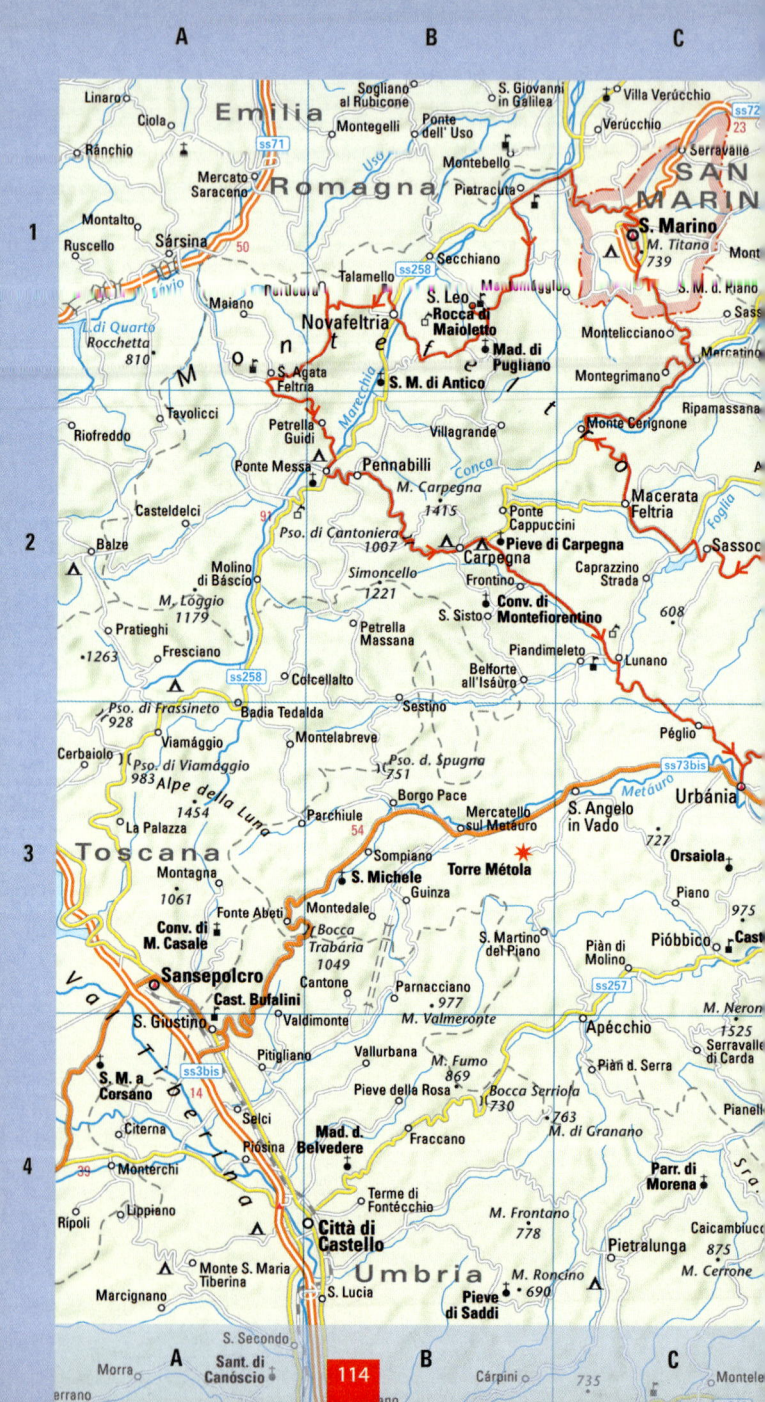

Adriatic Sea

Riccione
ss16 36
Misano Adriático
pedaletto
Gabicce Mare
ano
Misano Monte
Gabicce Monte
Casteldimezzo
Cattólica
Fiorenzuola di Focara
S. Clemente
Gradara
S. Giovanni in Marignano
Villa Imperiale
46
A 14
Villa Caprile
PESARO
Morciano di Romagna
Tavúllia
emmano
Montefiore Conca
S. Maria d. Monte
Burgo S. Maria
37
Villa Fastiggi
12
Trebbiántico
Saludécio
Monte Gridolfo
Mondaino
Montécchio
Candelara
Novilara
ástello
Tavoleto
Montelabbate
S. M. di Arzilla
Fano
Apsella
S. Angelo in Lizzola
Casinina
S. Giórgio
Colbórdolo
35
Monteciccardo
Carignano T.
Metauri
a' Gallo
Montecalvo in Fóglia
Ripe
Montegáudio
Eremo di Monte Giove
Rosciano
To
Gallo
ss423
Mombaróccio
Cuccurano
A 1
Schieti
Petriano
Conv. d. Beato Sante
2
e di Cagna
Monteguldúccio
Cartoceto
Ponte Murello
25
S. Costanzo
Via Piana
Fontecorniale
Saltara
Calcinelli
Cerasa
Isola di Piano
Montefelcino
Tavernelle
Montemaggiore al Met.
Mondolfo
Urbino
S. Bernardino
Belvedere
Via Flaminia
ss3
Il Crocifisso
Piagge
Ponte del Rio
sóffio
Montebello
S. Giórgio di Pesaro
116
Monte
Canaváccio
Fossombrone
S. Bartolo
Orciano di Pésaro
Monte Pórzio
20
18
S. Lazzaro
S. Ippólito
Fermignano
Calmazzo
Gilordino
Mondávio
Ripe
21
Gola del Furlo
L' Annunciata
Barchi
M. Pietralata
888
Torre S. Marco
S. Michele Corinaldo
3
Acqualagna
S. Vincenzo al Furlo
M. Paganúccio
976
Isola di Fano
Suasa
Pian
Bellária
S. Martino dei Muri
Fratte Rosa
Castelleone di Suasa
Ostra Vétere
eoni
32
Monte Paganúccio
Cartoceto
Montalfóglio
rano
Smirra
Monte Martello
Abb. di Lastreto
Monterolo
S. Lorenzo in Campo
Bárbara
ss360
lla
ss424
Fenigli
Loretello
ano
Cagli
Pergola
Serra de' Conti
Petrano
1162
934
S. Savino
Palazzo
Piticchio
Monteca
Bellísio Solfare
Frontone
Castiglioni
Misa
Póggio S. Marcello
Castelplánio
ntedazzo
ss3
Serra S. Abbóndio
S. Stéfano
Arcévia
Ángeli
antiano
Eremo di Fonte Avellana
Monterosso
Catobagli
Avacelli
Mergo
1701
Badia di Sitria
Serra S. Quírico
34
Chiaserna
M. Cátria
Montelago
Genga
6
Gola della Rossa
M. Picognola
972
Ponteríccioli
Isola Fossara
Sasso ferrato
S. Croce
Grotte di Frasassi
S. Elia
Valdórbia
Sentinum
Colcello
Domo
Schéggia
Parco Regionale d. Monte Cucco
118
S. Emiliano
Gaville
115
MERIAN-Kartographie
0 5 10 km
N
Ruocce
Pértica
ebbano
delle Chiuse
Póggio S. Romualdo
S. Vi

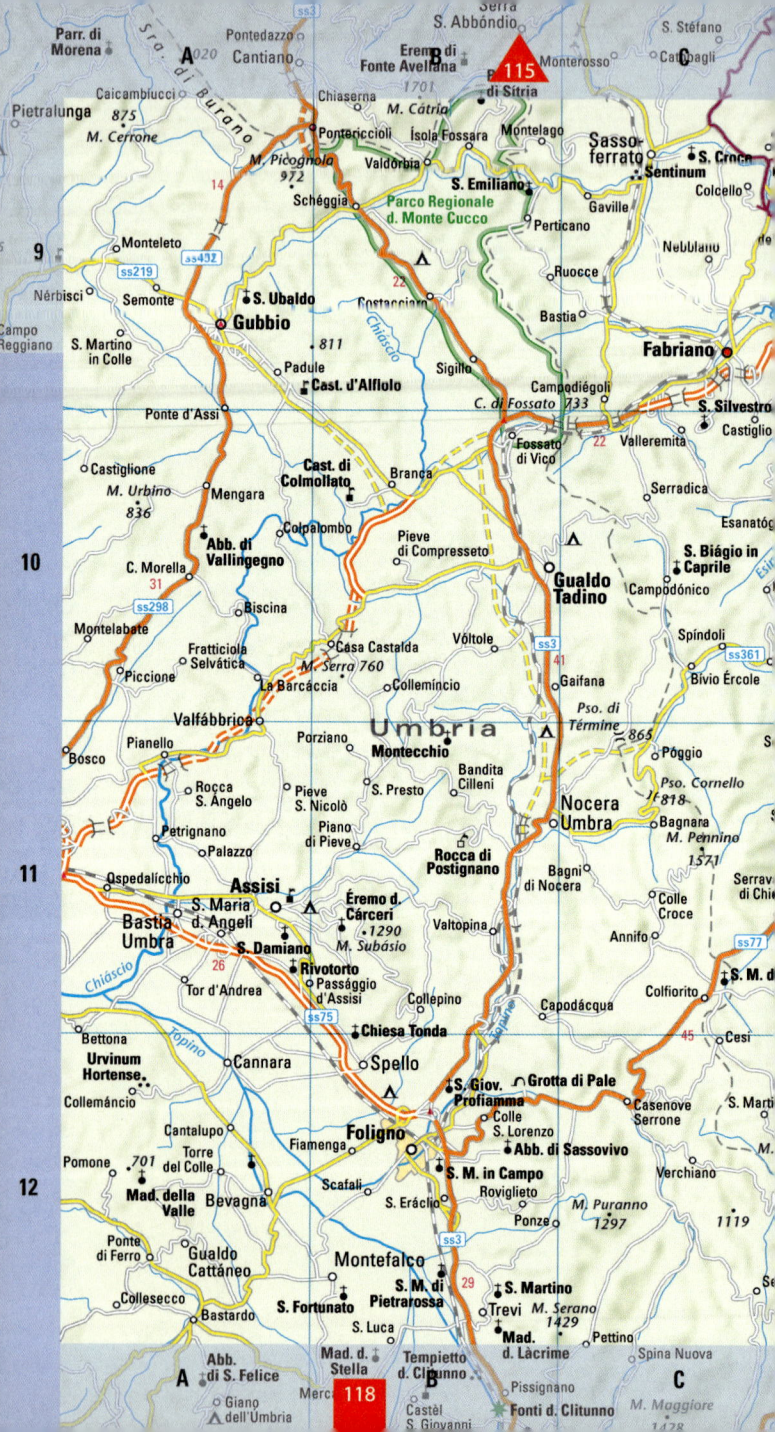

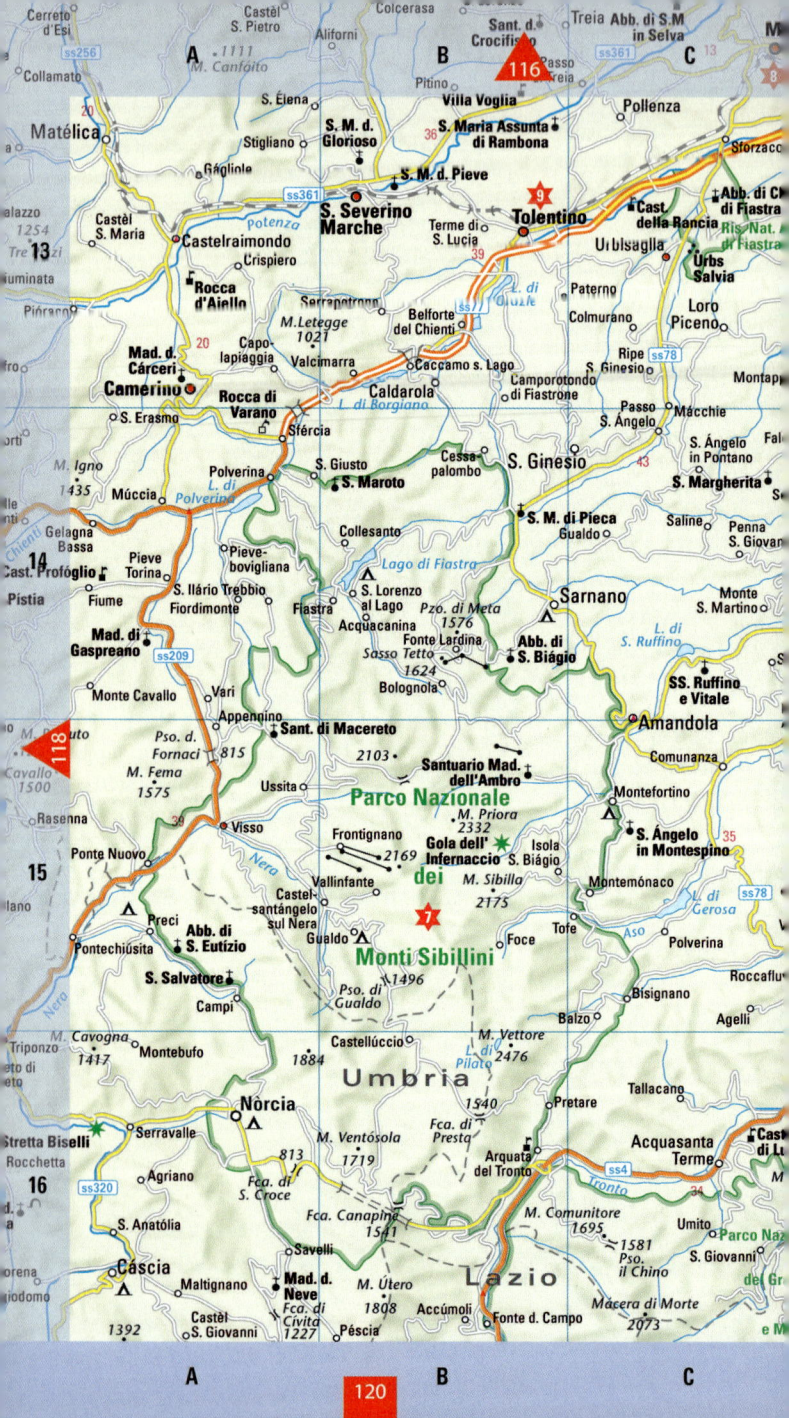

KARTENREGISTER

Orts- und Sachregister

Hier finden Sie alphabetisch aufgeführt alle in diesem Band beschriebenen Örte und Ziele, Routen und Touren. Bei einzelnen Sehenswürdigkeiten steht jeweils der dazugehörige Ort in Klammern, bei Hotels steht zusätzlich ein H für Hotel.
Außerdem enthält das Register wichtige Stichworte sowie alle MERIAN-Tipps dieses Reiseführers. Wird ein Begriff mehrfach aufgeführt, verweist die **fett** gedruckte Zahl auf die Hauptnennung im Band.

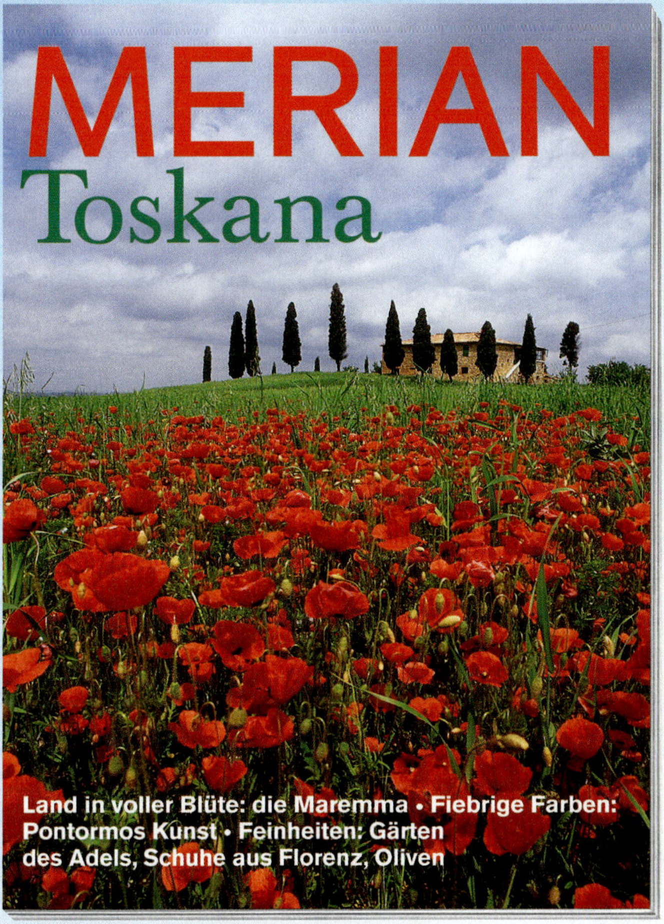

IMPRESSUM

Liebe Leserinnen und Leser,

Sie haben die Neuausgabe 2002 von MERIAN live! vor sich, die von unserer Autorin aktuell vor Ort recherchiert wurde. Wir freuen uns, Ihre Meinung zu diesem Reiseführer zu erfahren. Bitte schreiben Sie uns, wenn Sie Berichtigungen und Ergänzungsvorschläge haben oder Ihnen etwas besonders gut gefällt.

Gräfe und Unzer Verlag, Reiseredaktion, Postfach 86 03 66, 81630 München
E-Mail: merian-live@graefe-und-unzer.de

Alle Angaben in diesem Reiseführer sind gewissenhaft geprüft. Preise, Öffnungszeiten usw. können sich aber schnell ändern. Für eventuelle Fehler übernimmt der Verlag keine Haftung.

Redaktion:
Saskia Nickles
Kartenredaktion:
Reinhard Piontkowski,
Beate Jankowski

© Gräfe und Unzer Verlag GmbH, München
Auflage   5.   4.   3.   2.   1.

Bei Interesse an Karten aus MERIAN-Reiseführern schreiben Sie bitte an: iPUBLISH GmbH, geomatics, Berg-am-Laim-Straße 47, 81673 München. E-Mail: geomatics@ipublish.de

Gestaltung: Ludwig Kaiser
Karten: MERIAN-Kartographie
Produktion: Maike Harmeier
Satz: EDV-Fotosatz Huber, Germering
Druck und Bindung: Stürtz AG, Würzburg

Fotos:
Alle Fotos von Ralf Succo außer
H. Eid/laif 7m; M. Galli 22/23, 49m;
R. Hackenberg/PhotoPress 2, 4/5,
83, 85, 95; U. Seer/Look 42, 88/89

ISBN 3–7742–5395–1

Gedruckt auf Primabulk
von Papier Union.